ausgeschieden

2006/93

Katholische
öffentliche
Bücherei

St. Andreas
76474 Au am Rhein

ISBN 3-7655-6788-4
www.brunnen-verlag.de
Alle Rechte vorbehalten
Umschlag, Illustrationen und Layout von Monika Zünd
Gesetzt nach der neuen Rechtschreibung
Copyright © 2005 by Annette Betz Verlag
im Verlag Carl Ueberreuter, Wien – München
Printed in Austria
1 3 5 7 6 4 2

Sigrid Laube

Erklär mir deinen Glauben
Die fünf Weltreligionen

Mit Illustrationen von Monika Zünd

BRUNNEN

VERLAG GIESSEN · BASEL

Vorwort

Es gab und gibt auf der Welt eine Unzahl verschiedener Religionen. Die Dichte der Weltbevölkerung steigt und die Lebensweise wird mobiler. Immer mehr Menschen mit unterschiedlichem kulturellen und religiösen Hintergrund finden sich mit fremd anmutenden Glaubensvorstellungen konfrontiert. Dieses Buch versucht nicht, alle Religionen in ihrer Vielfalt zu erfassen. Es kann und soll nur einen groben Überblick über die fünf am weitesten verbreiteten Religionen geben.

Dieser Überblick bleibt unvollständig; anders ist es nicht möglich. Jeder Glaube für sich würde Bände füllen. Wohl aber soll ein erster Eindruck entstehen: Die Geschichte wird gestreift, die Gebräuche und Feste werden beschrieben. Eine Religion, mit der man nicht von Kind an aufgewachsen ist, zu verstehen, ist keine leichte Aufgabe. Vielleicht kann dieses Buch zum gegenseitigen Verständnis und Respekt beitragen, das wäre schön.

Sigrid Laube

Der Verlag und die Autorin danken Herrn Rektor Petrus Bsteh, Leiter der Kontaktstelle für Weltreligionen (KWR), und Mona Joskowicz, Mitarbeiterin im Rabbinat der Israelitischen Kultusgemeinde Wien, für die fachliche Unterstützung.

Inhalt

	Seite
Was ist eine Religion?	8
Judentum	13
Christentum	32
Islam	52
Hinduismus	72
Buddhismus	90
Ausblick auf andere Religionen	106

   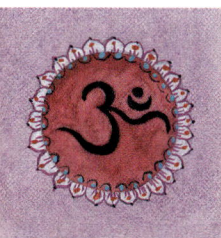 

Was ist eine Religion?

»Ich treff dich später auf dem Spielplatz!«, hatte Ali Katja zugerufen.
»Ich komme auch!«, hatte Simon gemeint, bevor er um die Ecke verschwunden war, »und ich bringe Lhalita mit, wenn sie Zeit hat.« Lhalita wohnte in seiner Nähe.
Vielleicht würde auch Sonam dazustoßen, überlegte Katja und gab der Schaukel, auf der sie saß, einen Schubs. Es war still und heiß, der Spielplatz lag ruhig in der Sonne. Katja holte einen Apfel aus der Tasche, biss ab. Köstlich. Sie runzelte die Stirn. Bis Freitag sollte sie einen Bericht vorbereiten, für die Schule.
»Keinen langen Vortrag«, hatte der Lehrer gesagt, »aber wenn du uns an diesem Tag eine kurze Übersicht über deine Religion geben könntest, wäre das nicht schlecht.«
Ali und Simon hatte er den gleichen Vorschlag gemacht. Und auch Lhalita und Sonam sollten nachdenken und berichten.
»Wir haben Glück, wir sind eine reiche Klasse«, hatte er gemeint. »Nicht immer findet man so viele verschiedene Glaubensrichtungen friedlich auf einem Platz vereint.«
Katja schmunzelte. Friedlich ging es in der Klasse nicht immer zu. Sonam konnte aufbrausen wie eine Limonadenflasche, Simon vertrug es nicht, wenn man sich über ihn lustig machte. Lhalita war mitunter beleidigt, ganz ohne Grund. Und Ali hatte wenig Geduld mit jenen, die nicht kapierten, was er von ihnen wollte. Aber all das hatte eigentlich nichts mit Religionen zu tun.
Ein Spatz flatterte aus dem Laub eines alten Nussbaumes und setzte sich auf die Erde. Hübsch glänzen seine Federn in der Sonne, dachte Katja. Als ob sie aus Seide wären oder aus Samt.
»Warum sagen die Menschen, dass Spatzen unscheinbar sind?«, murmelte sie.
»Vielleicht, weil sie nicht genau hinsehen«, kam eine Stimme unter den Ästen hervor.
Katja erschrak. Sie schaute unter den Baum. Dort stand eine Bank, auf die Armlehne gestützt saß ein alter Mann. Er hatte viele Falten im Gesicht und seine Augen lachten.
»Ich habe nur nachgedacht«, sagte Katja. »Habe ich etwa laut nachgedacht?«
»Jedenfalls«, antwortete der alte Mann, »hast du richtig gedacht.«
Katja biss von ihrem Apfel ab. »Ich soll über meine Religion sprechen«, sagte sie.
Der Mann nickte aufmunternd.
»Ich bin Christin«, meinte Katja. Sie begann an ihren Fingern aufzuzählen: »Und Simon ist Jude. Ali ist ein Muslim, Lhalita eine Hindu und Sonam ist ...«, sie zögerte, »Buddhist.« Sie betrachtete eine Fliege, die um ihren Apfel summte. »Wir werden einiges zu erzählen haben, so viele Religionen«, seufzte sie. »Mir wird jetzt schon ganz schwindelig davon.«

»Fünf, ja, eine Menge. Aber noch lange nicht alle, die es gibt«, meinte der alte Mann.
»Was wirst du über deinen Glauben erzählen?« Er beugte sich interessiert vor.
Plötzlich war Ächzen zu hören, unterdrücktes Stöhnen, man sah staubige Turnschuhe entlang der Hecke schweben. Sie traten in die Luft, steckten an braunen Beinen, und die Sohlen zeigten nach oben.
»Ich hab's geschafft!«, rief eine Jungenstimme.
»Sonam, du bist super«, meinte Katja nur.
Sonam bog auf Händen gehend um die Ecke. Er war ein hagerer Junge, das T-Shirt hing um seinen Hals und man konnte seine Rippen zählen.
»Wie ist die Welt von unten?«, wollte Katja wissen.
»Sie steht auf dem Kopf«, antwortete Sonam, dann schnellte er mit einem Salto hinten über und stand plötzlich breitbeinig in der Mitte des Spielplatzes.
»Wo sind denn die anderen?«, fragte er.
»Die kommen noch«, antwortete Katja. »Willst du abbeißen?« Sie hielt ihm den Apfel hin.
Eine Fahrradglocke klingelte. »Ich habe gleich Lhalita mitgebracht!«, rief Simon und ließ die Bremsen quietschen. Die beiden wohnten im gleichen Stockwerk eines großen Wohnhauses und konnten einander von Balkon zu Balkon guten Morgen wünschen.
»Jetzt fehlt nur noch Ali«, sagte Lhalita. Sie sprang vom Rücksitz des Rades, ordnete ihren Zopf und musterte Sonam. »Du siehst staubig aus«, stellte sie fest.
»Ich bin ein Zirkuskünstler«, antwortetet Sonam und verbeugte sich.
Trockenes Scheppern erklang. »Die Letzten werden die Ersten sein, heißt's«, johlte Ali und brachte sein Skateboard mit einem Hüftschwung zum Stillstand.
»Woher willst du das denn wissen?«, sagte Katja empört. »Die Erste hier war ich. Nein, eigentlich der Herr dort«, korrigierte sie sich. Der alte Mann lächelte freundlich.
»Wer bist du eigentlich?«, erkundigte sich Katja nun ein wenig misstrauisch. Alte Männer saßen nicht einfach so auf einem Kinderspielplatz herum. Der Weißhaarige schlug ein Bein über das andere. »Ich bin ein Nachdenker«, sagte er.
»Ein Weiser aus dem Morgenland?«, erkundigte sich Katja lachend.
»Nicht wirklich.« Er sah einem Schmetterling nach, der über der Wiese gaukelte.
»Was machen Weise?«, wollte Ali wissen.
»Sie lauschen, sie grübeln. Sie möchten klug werden. Und sie versuchen Dinge zu verstehen, die manchen verschlossen bleiben.«
»Keine leichte Arbeit«, meinte Simon beeindruckt. Er schwieg. Eine Grille begann ein Lied.

Simon musterte den Mann. »Dich kenne ich!«, rief er. »Du bist doch dieser komische Professor. Du wohnst zwei Stockwerke über uns und unterrichtest an der Uni.«

»Mhmm«, brummte der Alte. »Ich habe unterrichtet, Philosophie. Jetzt bin ich in Rente und habe endlich Zeit zum Nachdenken.«

»Dich schickt der Himmel!«, rief Simon. »Wenn du so viel weißt, kannst du uns vielleicht helfen!«

»Vielleicht«, sagte der alte Mann. Simon stemmte die Hände in die Hüfte.

»Wir haben in der Schule ein Projekt über Religionen laufen. Damit wir einander besser verstehen, sagt der Lehrer. Nicht, dass es da fürchterliche Schwierigkeiten gibt …«

»Das ist ein großes Vorhaben«, meinte der alte Mann.

»Ja.« Simon nickte. »Unser Lehrer meint, wir sind alt genug, um manche Dinge vernünftig zu besprechen. Kinder können das gut, wenn sie ein wenig nachdenken. Jeder von uns soll über seine Religion sprechen, damit die anderen wissen, worum es dabei geht.«

Simon wiegte den Kopf und ließ seinen Blick über den alten Nussbaum wandern.

»Ich habe mich mit meinem Vater darüber unterhalten …«, nahm er seine Erzählung wieder auf.

»… und der hat gesagt, dass das gar nicht so einfach ist«, fügte der alte Mann hinzu. Simon sah ihn erstaunt an. »Ja eben. Warum weißt du das, gehört das zum Weisesein?«

»Vielleicht. Einer Religion anzugehören und ihren Regeln zu folgen, ist nicht leicht. Und über sie verständlich zu sprechen, ist eine Kunst. Aber Künste kann man ja erlernen.« Der alte Mann lächelte.

Ali setzte sich auf sein Skateboard, wühlte in seinen Taschen und fand Glaskugeln.

»Ich wollte Murmeln spielen, nicht über Religionen sprechen«, brummte er. »Das war doch so ausgemacht, Sonam.«

»Das eine hindert das andere nicht«, meinte der Alte. Simon dachte nach, dann nickte er.

»Ich werde als Erster sprechen«, sagte er. »Wir haben in der Klasse Karten gezogen, damit alles fair ist. Und ich habe gewonnen.«

»Lass mal sehen.« Sonam beugte sich aufgeregt über Ali. »Ein Tigerauge! Woher hast du das? Komm, wir grenzen ein Spielfeld ab!«

Die beiden Jungen knieten sich in den Sand. Katja gab Simon einen Stoß.

»Wie wäre es, wenn du uns was über deinen Glauben erzählst, zur Übung sozusagen?«, fragte sie ihn.

Er überlegte kurz. »Also, ich bin Simon …«

Was ist eine Religion?

»Bevor du dich in deinen Vortrag stürzt, wisst ihr eigentlich, was eine Religion ist?«, unterbrach der Alte Simon. Er hatte das Kinn in die Hand gestützt und sah ihn aufmerksam an.
»Nichts leichter als das. Eine Religion hilft uns eine Antwort zu finden, wenn wir uns fragen, warum es uns gibt, was wir hier auf der Erde sollen. Ich meine, ob wir da spezielle Aufgaben haben und etwas tun oder lassen sollen. Das ist nämlich oft gar nicht so klar«, begann Katja.
»Ja, eine Religion hat mächtig viele Regeln, davon kann ich ein Lied singen!«, fuhr Simon fort. »Manche sind ganz kompliziert, viele versteht man anfangs gar nicht gut. Aber ich glaube, ohne geht's auch nicht.«
»Eine Religion bringt uns dem Göttlichen näher. Sie sagt, was gut und was böse ist«, warf Ali ein. »Also Stehlen, Lügen und Neidischsein zum Beispiel. Macht ja auch Sinn. Und dass Helfen, Geduld und Verständnis eine gute Sache sind. Aber das ist doch ohnehin klar.«
Er zielte mit halb geschlossenen Augen auf ein Loch in der Sandbahn.
»Sie sagt uns, wie wir glücklich werden«, meinte Lhalita. »Und dass wir manches gar nicht brauchen, von dem wir denken, dass es notwendig ist. Zumindest behauptet das Papa.«
»Und was nach dem Tod kommt … das ist auch von Bedeutung, weil man sein Leben danach richtet«, fiel Sonam noch ein.
»Die Religion kann helfen, wenn man traurig ist, ratlos oder Ärger hat«, fügte Katja hinzu.
»Und sie hat oft eine lange Geschichte!«, rief Simon.
»Jawohl, in der es manchmal ziemlich wild zugeht!«, ergänzte Katja.
»Mord, Hass, Liebe, Sünde …«, zählte Ali auf und schüttelte sich.
»Gar nicht so übel, ihr seid ganz schön schlau.« Der alte Mann nickte. »Religionen gibt es schon ungeheuer lange, und alle sagen, dass wir nicht zufällig auf der Welt sind, dass es einen Sinn im Leben gibt. Ich finde das sehr fein. Mitunter ist man traurig und verzagt, einmal geht etwas schief, einmal stirbt jemand, den man sehr gerne hat. Man kann sich nicht erklären, warum das geschieht. Da ist es tröstlich, zu wissen, dass alles einen Zweck hat im Leben. Irgendwie gibt das Halt, denke ich.«
»Du hast Recht, so ähnlich spricht mein Vater auch«, sagte Simon. »Meine Religion jedenfalls, die jüdische, ist so alt, dass viel zu erzählen ist.«
»Tor!«, rief Sonam dazwischen. »Die Murmel gehört mir!«
»Quatsch, Tor. Wir spielen hier nicht Fußball«, entgegnete Ali trocken.
Der alte Mann legte den Kopf schief. »Beruhigt euch«, sagte er. »Simon, fang an!«
Der wischte mit der Hand über seine Nase, zog hoch und begann:
»Unsere Religion – das **Judentum** – gehört zu den ältesten der ganzen Welt, die nur an einen

Gott glaubt. Beeindruckend, was? Mono … monoth …« Simon geriet ins Stottern.
»**Monotheistisch** nennt man das«, half der Alte weiter.
»Jawohl. Wie du sagst. Jedenfalls ist sie vor mehr als 3500 Jahren entstanden, und zwar in jener Gegend im Mittleren Osten, die zwischen zwei großen Strömen liegt. Das ist viele tausend Kilometer weit von hier. Bevor ich euch aber die Geschichte meines Glaubens erzähle, sollte ich euch sagen, was uns Juden daran besonders wichtig ist: die Hoffnung auf einen **Messias**, der uns in Gottes Reich führt. Wir warten auf ihn. Gott wird ihn uns bestimmt einmal schicken, damit er auf der Welt für Ruhe und Frieden sorgt.«
»Den Messias haben wir Christen auch«, fiel Katja ein. Sie schaukelte höher.
»Stimmt. Die Christen nennen Jesus den Christus, das heißt Messias. Für sie ist er von Gott geschickt worden, um sie zu Gott zu führen. Auch für die Juden hat Jesus eine besondere Bedeutung, er ist Lehrer und Vorbild zugleich«, meinte der alte Mann.
»Ist der Messias euer Gott, und ihr wartet unentwegt auf ihn?«, wollte Lhalita wissen.
»Nein, wir hoffen auf das Kommen des Messias. Und Gott, der ist eben Gott und immer für uns da. Wir glauben, dass er mit uns Juden früher einmal Freundschaft geschlossen und die Welt für uns erschaffen hat. Und dass wir das allen Völkern sagen dürfen …«, sagte Simon.
»Jetzt denkt ihr, ihr seid was Besseres?«, fragte Ali neugierig. Er holte eine neue Murmel aus der Tasche, sie war grün gefleckt.
»Extrem gut spielst du«, zischte er Sonam zu.
»Nein, wir glauben nicht, dass wir was Besseres sind, sondern nur, dass wir den Menschen einen besseren Weg vorschlagen dürfen, um die Güte Gottes zu verdienen. Weil Gott für uns sorgt, verlangt er, dass wir seinen Geboten folgen. Das ist wie ein Vertrag. Ist ja in Ordnung so. Wir haben also sozusagen Pflichten, wir beten, lernen, denken nach und vieles mehr«, antwortete Simon.
»Beten sollen wir alle«, meinte Katja. »Aber so ein Vertrag ist doch eigenartig, oder?«
»›Nichts ist umsonst im Leben‹, sagt Opa«, fuhr Simon fort. »Gott hat sich schon vor langem mit unserem Stammvater **Abraham** geeinigt, daran ist nicht mehr zu rütteln. Man kann darüber in der **Bibel** lesen – es klingt wie ein tolles Märchen …«
»Aber die Bibel … das ist doch …«, warf Katja ein und bremste verwirrt ihre Schaukel.
»Der erste Teil der Bibel, den die Christen **Altes Testament** nennen, hat für Juden und für Christen eine besondere Bedeutung«, erklärte der Alte. »Schließlich ist die christliche Religion erst vor 2000 Jahren entstanden, da gab es die Juden schon lange. Beide Religio-

nen sind auf engem Raum gewachsen, sie sind eigentlich Nachbarn. Nachbarn wissen viel voneinander und haben oft Gemeinsames erlebt.«

»Ist auch gut so«, meinte Lhalita. »Vielleicht verstehen Juden und Christen einander besser, wenn sie darüber nachdenken.« Der alte Mann wiegte den Kopf.

»Zurück zu Abraham«, begann Simon wieder. »Der lebte vor 3500 Jahren, und Gott hatte ihm aufgetragen, in ein anderes Land zu ziehen. Das hatte Gott eigens für ihn ausgesucht, es lag ihm besonders am Herzen. Abraham sollte seine Heimat in Mesopotamien, etwa dort, wo heute der Irak liegt, verlassen. Ich stelle mir das nicht leicht vor, aber Abraham tat, was Gott ihm befohlen hatte.

›Wir müssen gehen‹, sagte er zu seiner Frau. Sie packten ihre Sachen in Bündel. Dann zogen sie von Gott geführt in ein Land, das später Kanaan genannt wurde. Heute heißt es Palästina. Kanaan war das ›Gelobte Land‹ und Abraham bekam es von Gott geschenkt, doch dafür gab es eine Bedingung: Abraham musste versprechen, ihn alleine als einzigen, wahren Gott zu verehren. Abraham folgte dem Befehl Gottes. Er war ein Mann mit einer treuen Seele, tüchtig war er und ehrlich. Er wurde ziemlich alt.

Abraham wollte gerne eine große Familie haben, doch erst nach vielen Jahren erfüllte Gott ihm diesen Wunsch. Abrahams Frau Sara bekam einen Sohn, auf den beide mächtig stolz waren. Sie nannten ihn **Isaak**. Später prüfte Gott Abrahams Treue wieder. Er befahl ihm, Isaak zu opfern. Abraham war bereit dazu, doch Gott hinderte ihn im letzten Augenblick daran und belohnte ihn.

Isaak wuchs zu einem fleißigen Jungen heran, eines Tages heiratete auch er.

Seine Frau hieß Rebekka. Sie bekam Kinder, und es waren gleich Zwillinge, die da das Licht der Welt erblickten. **Esau** und **Jakob** waren zwei gesunde Jungen, und ihre Eltern freuten sich sehr. Später gab Gott dem jungen Jakob einen neuen Namen: Israel. ›Ein schöner Name‹, fand Jakob, denn das bedeutete ›Einer, der mit Gott ringt‹, und Jakob hieß gerne so. Jakobs Nachkommen nannte man schon bald das Volk Israel, der Name gefiel allen gut. Das ist auch heute noch so, denn seine Nachfahren, das sind wir, die **Israeliten**.«

Simon blickte stolz in die Runde. »Aber es kommt noch aufregender: Jakob hatte zwei Frauen, das durfte man ...«

»Das darf man in unserer Religion noch heute«, warf Ali ein.

»Die zwei Frauen hießen Lea und Rahel. Man hatte damals mehr Kinder als heute, und mit der Zeit wurde Jakob stolzer Vater von zwölf Söhnen. Einer von ihnen hieß Juda. Nach ihm wurde ein Stamm aus dem israelitischen Volk benannt, und so entstand der Name **Juden**.«

Auszug nach Kanaan

»Das hast du dir toll gemerkt«, meinte Lhalita beeindruckt.

»Das ist noch lange nicht alles«, fuhr Simon fort. »Jakob hatte also viele Kinder, und einer seiner Söhne hieß Josef. Josefs Brüder waren eifersüchtig auf ihn, denn er war der Liebling seines Vaters. Sie wollten ihn loswerden und verkauften ihn als Sklaven nach Ägypten. Als einmal eine schlimme Hungersnot herrschte, beschloss sein Volk, ihm dorthin zu folgen. ›Vielleicht wird unser Leben dort leichter sein‹, hoffte es. Doch die Rechnung ging nicht auf. Anfangs gefiel es Josef und den Seinen, aber dann fingen die Ägypter an, sie auszubeuten. Mit der Zeit befand das jüdische Volk sich in Sklaverei. Scheußlich war das. Die Ägypter fürchteten eigentlich die Juden und behandelten sie daher sehr schlecht.

Eines Tages hatten die Juden genug davon, sie sehnten sich danach, in ihr gelobtes Land Kanaan zurückzukehren. ›Es kann alles nur noch besser werden‹, fanden sie. Und so führte ein Mann namens **Mose**, der von Gott dazu ausgewählt wurde, das Volk dorthin zurück. Mose war als Baby in einem Schilfkörbchen auf einem Fluss ausgesetzt worden, und die ägyptische Prinzessin hatte ihn gefunden. So wuchs er am Königshof auf.

Der geplante Auszug war kein einfaches Unterfangen, denn die Ägypter wollten die Juden nicht gehen lassen. Da schickte Gott zehn Mal ein Unglück, die so genannten zehn Plagen. Daraufhin ließ der Pharao die Juden ziehen.«

»Pharao, so nannte man einen ägyptischen König«, warf der alte Mann ein.

»Na klar, das wissen wir auch«, sagte Ali verächtlich.

»Die Juden hatten Angst, der Pharao würde es sich noch einmal überlegen«, fuhr Simon fort. »›Beeilt euch!‹, sagten die einen. ›Wir müssen doch noch Sauerteigbrot backen, für die Reise!‹, wandten die anderen ein. Doch dafür braucht man Zeit, und die hatten sie nicht. Sie zogen los und machten sich auf eine weite Wanderschaft. An diesen Abend denken die Israeliten noch heute.«

Simon brach ab und dachte nach. »Damals ging man zu Fuß, und es waren viele Menschen, Alte, Junge, Gesunde und Kranke, die da unterwegs waren. Also dauerte die Reise 40 Jahre, war mit vielen Prüfungen verbunden und sehr beschwerlich. Greise starben, Kinder kamen auf die Welt, Eltern wurden zu Großeltern, das Leben ging weiter.

Ein Mal – das Volk Israel war noch immer auf der Flucht vor den Ägyptern – mussten die Juden ein großes Wasser überqueren. Es schien endlos, man konnte das andere Ufer gar nicht sehen. Schiffe waren keine da, und zum Schwimmen langten die Kräfte nicht.

›Was machen wir bloß?‹, überlegten viele. Sie waren schon müde und hungrig, ihre Sohlen waren abgelaufen, und sie wussten nicht mehr, wie es nun weitergehen sollte.

›Aber Gott wird uns doch nicht im Stich lassen‹, trösteten sich ihre Weggefährten. Sie hatten Recht. Gott ließ den Wind das große Wasser teilen. Es muss wild ausgesehen haben, rechts und links **zwei Wasserwände**. Eigentlich unheimlich.« Simon schüttelte sich.

»Und was geschah mit den Fischen?«, fragte Sonam interessiert. Seine Murmel war zwischen die Wurzeln des Nussbaumes geraten, er suchte sie auf allen vieren.

»Das weiß ich nicht, Gott wird schon auch auf sie geachtet haben«, war Simon überzeugt. »Jedenfalls konnten die Juden im Trockenen durchgehen. Kaum war der Letzte von ihnen am anderen Ufer angelangt, schlugen die Wellen hinter ihnen wieder zusammen. Sie knallten aufeinander, es spritzte und toste, und die Juden waren in Sicherheit.«

»Barak Allah ufik«, murmelte Ali aufgeregt. »Gesegnet sei Gott.«

»Und die Verfolger?«, wollte Lhalita wissen.

»Die Ägypter, die ertranken. Die konnten nicht gut schwimmen, und die Wogen waren zu wild.« Simon nickte beifällig. »Ein anderes Mal, als Mose gerade auf dem Berg Sinai Schafe hütete, hörte er eine Stimme aus einem **brennenden Dornenbusch**. Das muss gruselig gewesen sein. Doch es war Gott, der da zu ihm sprach und ihm sagte, was er tun sollte. So erhielt Mose die **Zehn Gebote**. Das war ein großer Augenblick, denn wir bekamen die ersten Gesetze, nach denen wir leben sollten.«

Teilung des Wassers

Judentum

»Steht alles in der Bibel«, sagte Katja und warf ihren Apfelstängel ins Gebüsch.

»Ja. Später kamen die Israeliten in die Wüste. Sie waren schon erschöpft von all den langen Märschen und wollten sich ausruhen. Um sich vor der Kälte der Nacht und der Hitze der Sonne zu schützen, bauten sie kleine Hütten aus Gestrüpp und Zweigen. Die hielten am Tag die Hitze und in der Nacht die Kälte ab. Wenn die Sonne nicht scheint, ist es mitunter in der Wüste ziemlich kalt. Die Juden konnten sich erholen, gut schlafen und zu Kräften kommen. Dann nahmen sie ihre Wanderschaft wieder auf.« Simon warf einen Blick auf Alis Murmel.

»Du musst mehr nach rechts zielen«, empfahl er.

Eine Katze kam geschlichen, schnurrte um die Beine des alten Mannes.

»Wir haben viele schöne Geschichten«, nahm Simon den Faden seiner Erzählung wieder auf. »Und das Beste daran ist, dass jedes unserer Feste an solch eine Geschichte erinnert. So können wir oft feiern. Wir feiern für unser Leben gern und haben viel Spaß und Freude daran. **Pessach**, zum Beispiel, erinnert an die Flucht aus Ägypten, von der ich vorhin erzählt habe. Es fällt in eure Osterzeit. Es ist ein Fest, das acht Tage dauert. Unsere Feste beginnen bereits am Vorabend des Feiertages und enden wieder an einem Abend. Das ist was Besonderes, finde ich. Pessach beginnt also mit dem **Sederabend**. Da hat die ganze Familie schon die Wohnung blitzblank geputzt, und wir Kinder dürfen auf Suche nach Brotkrumen durchs Haus gehen.«

»Lass mich raten. Soll das an den Auszug der Juden aus Ägypten erinnern?«, fragte Sonam.

»Du bist schlau. Sie hatten keine Zeit mehr, Brot mit Sauerteig zu backen, als sie ihre Flucht antraten. Also dürfen wir an dem Abend auch keinen Sauerteig im Haus haben. Wohl aber **Mazzes**. Das ist köstliches, ungesäuertes Brot, und wir essen es besonders gerne. Dann richten wir auf einem Teller auch noch bittere Kräuter an, die an die bösen Zeiten in Ägypten erinnern. Dazu tun wir in ein Schüsselchen Salzwasser, das für die vielen Tränen steht, die die Juden geweint haben. Daneben gibt's Fruchtmus, das wie Mörtel aussieht und die schwere Sklavenzeit symbolisiert, Eier, die an den Beginn des Frühlings erinnern sollen und neues Leben bedeuten. Außerdem noch einen ... was war da bloß, erinnerst du dich?«, wendete Simon sich verwirrt an den Alten.

»Ich finde, du weißt ungeheuer viel«, sagte der. »Dir fehlt noch der angebratene Lammknochen, weil früher die Israeliten Gott ein Lamm oder ein anderes Tier opferten.«

Die Katze war auf seinen Schoß gesprungen und eingeschlafen. Simon nickte.

»Während wir unsere Mahlzeit essen, lesen wir die Geschichte des Auszugs aus Ägypten. Ich bin schon ein Spezialist. Sie wird noch aufregender, wenn ich an der Reihe bin.

Am Ende glauben wir immer, dass wir mit dabei waren, und sind ganz erschöpft davon.«

»Das klingt ja toll«, meinte Lhalita, »aber ein bisschen umständlich.«

»Eigentlich ist alles viel komplizierter«, prahlte Simon. »Da gibt es noch Fragen, die zu beantworten sind, jedes Jahr dieselben. Und die Erwachsenen dürfen Wein trinken, ganze vier Gläser! Ein Glas muss immer für den Propheten Elia bereitstehen, falls er uns besuchen kommt. Am Ende des Festes sagen wir: ›Nächstes Jahr in Jerusalem!‹ Denn alle Juden möchten einmal in ihrem Leben nach Jerusalem. Dort gibt es übrigens noch eine stehen gebliebene Mauer des alten jüdischen Tempels. Sie wird **Klagemauer** genannt. Die Juden gehen dorthin, um zu Gott zu beten.«

»Habt ihr noch andere Feste?«, erkundigte sich Katja. Sie schaukelte hoch und schaffte es mit jedem Schwung, die Äste mit den Zehenspitzen zu berühren.

Simon blickte ihr bewundernd nach. »Doch, doch«, meinte er, »da gibt es **Schawuot**, das daran erinnert, dass Gott uns die Zehn Gebote gab. Das war einige Wochen nach der Flucht aus Ägypten, also feiern wir es sieben Wochen nach Pessach.«

»Ist das so lustig wie Weihnachten und Nikolaus oder so?«, wollte Katja wissen.

»Weihnachten? Was ist schon Weihnachten!«, prustete Simon los. »Wir haben **Chanukka**, das ist mindestens ebenso schön. Fällt in eure Adventszeit. Und hat auch mit Lichtern zu tun. Acht Tage lang zünden wir der Reihe nach acht Kerzen an, jeden Abend eine. Gar nicht übel, was?«

Katja nickte. »Wir haben vier im Advent«, murmelte sie, »auch nicht schlecht.«

»Wir im Hinduismus haben noch viel mehr!«, rief Lhalita dazwischen. »Wir haben ... eine Unzahl!«

»Und wir erst, wir haben ein echtes Lichterfest!«, meinte Sonam.

»Moment mal, Licht ist Licht«, sagte der alte Mann. »Dabei geht es immer darum, die Dunkelheit zu verscheuchen; traurigen, freudlosen Zeiten ein Ende zu setzen; Gott eine Ehre zu erweisen. Nicht um einen Kerzenwettbewerb.«

»Chanukka hat auch eine Geschichte – wollt ihr sie hören?«, fragte Simon.

»Ist sie aufregend?«, erkundigte sich Ali.

»Natürlich«, antwortete Simon. »Vor mehr als 2000 Jahren wurden die Juden mal wieder unterdrückt. Diesmal von einem syrischen König, der Antiochus hieß. Er wollte unbedingt, dass die Juden ihren Gott aufgeben und die griechischen Götter anbeten. ›Da weiß man wenigstens, was man hat, diesem neumodischen Einzelgott ist doch nicht zu trauen‹, fand er. Um das klar zu machen, zerstörte er den jüdischen Tempel und stahl die heiligen Gegenstände.

Moses bringt seinem Volk die Zehn Gebote

Es waren wertvolle, schön gearbeitete Stücke. Die Juden waren entsetzt und tief getroffen. Doch da gab's im Volk Israel einen tapferen Mann, der sich den ewigen Ärger und die vielen Erniedrigungen nicht länger gefallen lassen wollte. Das war **Judas Makkabäus**. Er sammelte Freunde um sich, die wohl auch genug hatten von Antiochus, und er organisierte im Geheimen einen Aufstand gegen den König. Das war eine gefährliche Sache, wenn einer nicht dicht gehalten hätte oder erwischt worden wäre, hätte das auch den anderen Juden geschadet. Der König hätte sich wahrscheinlich grausam an ihnen gerächt.«

»Sicher. So einen richtig wütenden, mächtigen Herrscher, den stell ich mir ungemütlich vor.« Lhalita schnitt eine Grimasse.

»Judas Makkabäus – sein Name bedeutete nicht umsonst, ›der wie ein Hammer schlägt‹ – schaffte es aber, sich durchzusetzen. Die Juden durften ihre Tempel wieder haben und neu einweihen. Deshalb heißt das Fest auch heute noch ›Chanukka‹, also Einweihung. Aber in den zurückgewonnenen Tempeln war alles zerschlagen oder verbrannt. Sogar die Leuchter waren kaputt und mussten neu geschmiedet werden. Als es endlich neue Leuchter gab, fehlte das Öl, um Licht zu machen. Ohne Licht konnte es jedoch kein Fest und keine Einweihung geben. Die Juden suchten verzweifelt in allen Ecken und stöberten unter den Trümmern.

Chanukka-Leuchter

Judentum

Endlich fanden sie einen kleinen Topf mit Öl. Es war so wenig, es würde sicher nur einen Tag brennen. Besser ein kleines, kurzes Licht als gar keines, dachten sie und zündeten eine Lampe an. Doch dann geschah ein Wunder und sie brannte ganze acht Tage!
Deshalb gibt's auf unseren Chanukkaleuchtern acht Kerzen und obendrein noch Platz für eine neunte, die dazu dient, die anderen anzuzünden. Wenn wir das tun, singen wir ein Lied von der Einweihung des Tempels und der Vernichtung der Feinde. Oft stellen wir die Leuchter ins Fenster, denn die Leute auf der Straße sollen merken, dass wir Chanukka feiern und dass wir uns freuen. Geschenke haben wir auch füreinander, und Spiele gibt's, es ist eine schöne Zeit.«
Ali hatte soeben eine Murmel geworfen, sie rollte an ihrem Ziel vorbei, Sonam schnaubte verächtlich. Ein Luftzug ließ die Blätter rascheln.
»Du erzählst das alles wunderbar«, sagte der alte Mann.
»Willst du mehr hören?«, fragte Simon eifrig. »Ich weiß eine schöne Begebenheit.«
»Noch so eine Geschichte?«, fragte Sonam und steckte Alis Murmel ein. Ali zeigte ihm die Zunge.
»Die wird dir gefallen. Sie handelt von einer tollen Frau«, versicherte Simon.
»Am Hof des Königs Xerxes in Persien lebte ein wichtiger Mann. Er war reich und mächtig, seine Geschäfte gingen gut. Er hieß Haman und er hasste die Juden, weil ein Jude – mit Namen Mordechai – einmal nicht ehrerbietig vor ihm hatte niederfallen wollen. Seither war ihm das ganze Volk ein Dorn im Auge, und er plante es zu vernichten. Er wollte ein Los werfen lassen, um den Tag zu bestimmen, an dem er die Juden endgültig auslöschen würde.«
»Das klingt ja, als käme es aus einem gruseligen Computerspiel!«, entfuhr es Lahlita entsetzt.
Simon nickte und fuhr fort: »So geht's nicht, dachte sich **Esther** – sie war die Nichte Mordechais, also eine Jüdin und zugleich die Frau Xerxes'. ›Da muss etwas geschehen‹, dachte sie weiter. ›Der König muss helfen.‹ Ihr war nicht ganz wohl bei der Sache, schließlich ist solch ein König auch nur ein Mensch und kann leicht einmal die Geduld verlieren, sogar mit der eigenen Ehefrau. Frauen gehörten damals ihren Männern und hatten kein leichtes Leben. Esther brauchte Gottes Beistand, so schien ihr, um diese Aufgabe zu schaffen. Also fastete sie und betete, um Gott milde zu stimmen, bevor sie sich auf den Weg zu ihrem Mann machte. Dann bat sie Gott um Hilfe und dass er ihr Volk beschützen solle. Er hörte tatsächlich auf Esther und half. Der König ließ Gnade walten, die Juden konnten gerettet werden.
Bis heute wird am Festtag, der an Esther erinnert, ein Gottesdienst abgehalten und vorher gefastet. Für uns Kinder ist **Purim** ein besonders feines Fest. Wir verkleiden uns, und in die

Synagoge dürfen wir Süßes mitnehmen. Das Beste an dem Tag sind die Ratschen. Bei der Bibellesung ratschen wir ganz laut, wenn Haman erwähnt wird. Es macht wunderbaren Krach.«

»Ratschen gibt's in der Moschee nicht. Wir beten vor allem.« Ali war ein bisschen neidisch.

»Wir haben noch Besseres als die Ratschen«, erzählte Simon aufgeregt. »Zu **Rosch Haschana**, unserem Neujahrsfest im September, wird der Schofar laut geblasen. Das ist ein Horn.«

»Ein echtes Horn, wie von einem Widder oder einer Kuh?«, fragte Katja und überlegte im Stillen, wie man ein Horn zum Tönen brachte.

»Ein Horn von einem Schafsbock ist der **Schofar**. Manchmal ist er mit hebräischen Schriftzeichen verziert. Wenn wir seinen Klang hören, denken wir daran, dass Abraham bereit war, Gott seinen Sohn als Opfer zu schenken. Erst als Gott ihn stoppte, tötete Abraham statt seines Sohnes ein Schaf. Rosch Haschana ist auch der ›Tag der Musterung aller Menschen‹ vor unserem gütigen Gott. Dabei sollen wir an alles denken, was wir im letzten Jahr falsch gemacht haben, und es bereuen. Ich finde Bereuen mitunter ganz schön schwer, kann ich euch sagen«, seufzte Simon, »denn manchmal macht man etwas falsch und merkt es gar nicht.«

»Bereuen fällt auch Erwachsenen oft nicht leicht. Doch es klärt Gedanken und bringt Ordnung in Gefühle«, fand der alte Mann. Ein Spatz hatte sich auf seine Schulter gesetzt. Katja stieß einen Pfiff aus. »Komisch, du siehst aus wie ein Heiliger am Kirchenportal«, kicherte sie. »Auch wenn du ein Weiser auf einer Gartenbank bist.«

»Und nicht aus Stein gemeißelt«, meinte Lhalita fröhlich.

»Haben wir genug bereut, dann überlegen wir, was wir alles besser machen wollen«, fuhr Simon fort. »Außerdem wünschen wir unseren Freunden ein gutes Jahr. Und wenn wir aus der Synagoge kommen, bekommen wir einen köstlichen Honigapfel. Ich glaube aber, dass Rosch Haschana nicht ein so ausgelassenes Fest wie euer Neujahr ist. Denn wir denken dabei auch an die Erschaffung der Welt durch Gott. Und das ist doch eine ernsthafte, wichtige Sache.« Er nickte.

»Dann gibt es **Yom Kippur**, das kommt nach Rosch Haschana. Es fällt in den Herbst und ist der heiligste Tag des Jahres. Da beten und fasten die Juden, denn an diesem Tag entscheidet Gott, wie es zwischen ihm, den Menschen und der Welt im nächsten Jahr weitergehen soll.«

»Uff, da kann einem ganz anders werden«, seufzte Ali.

»Ich denke mir immer, unser Gott ist zwar streng, aber gütig und gerecht, also wird es nicht so schlimm werden«, meinte Simon. »Dann kommt noch **Sukkot**, das Laubhüttenfest. Es wird auch im Herbst gefeiert und ist zugleich ein bisschen Erntedankfest.

Rosch Haschana

Bar Mizwah

Vor allem soll es uns aber an die kleinen Hütten erinnern, die die Juden errichteten, nachdem sie den Ägyptern entkommen waren und sich in der Wüste ausruhten. Also bauen wir auch heute noch im Garten oder auf dem Balkon mit Zweigen eine Sukka, so nennen wir dieses Häuschen. Ich bin schon ein Fachmann mit Hammer, Nägeln und Schnüren. Im Innenraum montieren wir bunte Blumen und hängen Bänder auf. Wenn alles richtig schön ist, machen wir ein Picknick. Wir zünden Kerzen an, das ist dann feierlich und heimelig.«

»Da fällt mir ein, werdet ihr nicht beschnitten, wenn ihr Babys seid? Das ist doch auch ein Fest, oder?«, fragte Ali plötzlich. Neben ihm funkelten Murmeln, die er zurückerobert hatte. Er nahm eine, spuckte darauf und polierte sie. »Du bist meine Beste«, flüsterte er.

»**Beschneidung**?« Simon überlegte kurz. »Doch. Das ist ein großes Familienfest. Sicher für uns so wichtig wie etwa die Taufe für die Christen.«

»Was heißt Beschneidung?«, fragte Lhalita. Simon sah den Alten verlegen an und zögerte.

»Erklär es nur, Simon«, sagte er. »Schließlich ist es eine große Feier und bedeutet euch viel. Im Islam ist es übrigens auch ein alter Brauch.«

»Beschneiden heißt, die Vorhaut vom Glied eines Jungen abschneiden«, sagte Simon hastig.

»Au«, entfuhr es Lhalita erschrocken.

»Vielleicht tut es weh«, meinte Simon, »aber ich kann mich nicht daran erinnern. Man ist nämlich erst acht Tage alt, wenn das geschieht. Es geht sehr schnell, und das Glied wird danach verbunden.«

»Aber wozu denn …?«, begann Lhalita.

»Es ist, weil wir Gott mit Leib und Seele gehören. Nicht nur in unseren Gedanken, sondern mit allem, was uns ausmacht. Gott hat es gewollt, es ist ein Zeichen des Bundes zwischen ihm und uns«, sagte Simon.

»Aber was ist mit den Mädchen, die haben doch gar kein Glied?«, fragte Katja erleichtert.

»Die werden nicht beschnitten. Doch wenn sie acht Tage alt sind, bekommen auch sie ihren Namen, und gefeiert werden sie deshalb nicht weniger als die Jungen.«

»Ist ja auch in Ordnung so«, fand Sonam großzügig.

»Ja, und wenn wir dreizehn Jahre alt sind, werden wir Jungen ›Söhne der Pflicht‹, das heißt **Bar Mizwah**, und so nennt man auch das Fest. An diesem Tag werden wir gefeiert. Unsere Eltern laden Freunde ein, und es gibt Geschenke, denn nun zählen wir als einer von zehn Männern, die notwendig sind, um einen Gottesdienst abzuhalten. Wir legen zum ersten Mal **Gebetsriemen** an und gelten als erwachsen, ein bisschen wie die Christen nach der Konfirmation oder der Firmung. Vorher müssen wir noch Hebräisch lernen, das ist notwendig, damit wir aus den heiligen Texten vorlesen können. Mädchen werden früher gefeiert. Es genügt, wenn sie zwölf Jahre alt sind.«

»Klar, wir sind ja gescheiter«, sagte Katja. Ali schoss mit einer Murmel nach ihr. Katja fing sie auf und steckte sie grinsend ein. Erschrocken flatterte der Spatz von der Schulter des alten Mannes.

»**Bat Mizwah** nennt man das. Die Mädchen müssen auch Hebräisch lernen und werden ebenfalls ›Töchter der Pflicht‹. Heilige Texte dürfen sie inzwischen auch vortragen. Früher war das anders, da war man strenger.«

»Jawohl, gleiches Recht für alle«, meinte Lhalita zufrieden.

»Was sind eure heiligen Texte denn überhaupt für Schriften?«, wollte Sonam wissen.

»Die Bibel der Juden ist zugleich das Alte Testament der Christen, wie ich schon vorher sagte. Sie ist auf Hebräisch geschrieben, hat 24 Bücher, und die sind noch einmal in drei Abschnitte unterteilt«, erklärte Simon. »Die fünf Bücher Mose sind die **Thora**, so heißt das erste dieser Bücher. Für uns ist es das wichtigste Buch, denn darin steht die Geschichte des Volkes Israel und seiner Stammväter Abraham, Isaak und Jakob, ohne die es uns ja nicht gäbe. Die Geschichte von Mose und den Zehn Geboten ist ebenfalls darin zu finden.«

»Thora«, sagte Lhalita verträumt, »das klingt schön, fast wie ein fremder, südlicher Name.« Simon schüttelte den Kopf. »Ein Name ist es schon, aber eigentlich ein ziemlich ernster«, meinte er. »Das Wort Thora bedeutet ›Gesetz‹ oder ›Weisungen‹, und daher ist das Studium der Thora für gläubige Juden sehr wichtig. Auch im Gottesdienst wird sie vorgetragen. Es ist eine große Ehre, aus ihr vorzulesen, denn sie ist ein Geschenk Gottes. Durch ihre Gebote können wir ein frohes und gutes Leben führen.« Simon hatte begonnen, auf und ab zu gehen. »Das zweite Buch besteht aus prophetischen Büchern. Und das dritte Buch enthält die Schriften, das sind Psalmen, Sprüche, Klagelieder und Predigten sowie geschichtliche Schriften, alle alt und ehrwürdig«, zählte Simon an seinen Fingern auf.

»Der **Talmud** ist für uns ebenso wichtig. Auch er besteht aus vielen Büchern. Heute würde man vielleicht Kapitel dazu sagen. Die wurden von unseren größten Gelehrten in langer und mühseliger Arbeit geschrieben. Sie helfen uns, die heiligen Schriften richtig zu lesen und zu verstehen. Auch sagen sie uns, wie wir ihre Gesetze im täglichen Leben anwenden sollen.«

»Einfach ist das alles nicht, wenn du mich fragst«, warf Ali ein.

Simon blieb stehen. »Nein. Aber wächst man damit auf, ist man daran gewöhnt und es gehört zum täglichen Leben, so wie eure Gesetze zu eurem Leben gehören. Man kennt dann schon manche Stellen recht gut, besonders solche, die man gerne hat. Und einige davon kann man sogar auswendig aufsagen.

Außerdem meint Papa, dass es die vielen Schriften gibt, weil doch Gott mit uns einen Bund geschlossen hat. So ein Vertrag besteht aus Rechten und Pflichten, sagt er, und daher haben wir Juden viele Pflichten. Das bedeutet für uns, dass wir zahlreichen Geboten folgen müssen, um diese Pflichten zu erfüllen.«

»So viele Pflichten ... Ist euer Gott nicht sehr streng mit euch? Macht einen das manchmal trotzig oder böse?«, fragte Sonam nachdenklich.

»Manchmal ist es schwer, zu tun, was in all den Geboten steht«, gab Simon zu, »besonders, weil viele von ihnen in der heutigen Zeit umständlich wirken und nur verständlich sind, wenn man weiß, warum es sie gibt und wie sie entstanden sind. Um zum Beispiel so zu beten, wie Gott es verlangt, sollen wir ein Käppchen und einen Gebetsschal tragen. Darüber kann man sich wundern, oder? Wir bedecken uns den Kopf, wenn wir mit Gott sprechen. Damit zeigen wir, dass wir Ehrfurcht vor ihm haben. Gebetsriemen legen wir auch an.

Juden mit Schläfenlocken

Thora

Wenn man sie nicht kennt, sehen sie fast unheimlich aus. Doch es sind einfach Lederriemen, auf denen kleine Behälter befestigt sind. Da sind Worte aus der Thora eingeschlossen, so haben wir beim Beten die wichtigen Gesetze gleich bei uns. Die Kapseln tragen wir Männer auf der Stirn und in der Nähe des Herzens, weil wir so Gott näher kommen und uns enger an ihn binden.« Simon beugte sich über eine von Sonams Murmeln.

»Ein gutes Stück«, murmelte er, »sieh zu, dass du sie nicht verspielst, das wäre jammerschade.«

»Das geht dich nichts an, mein Freund«, knurrte Ali böse. »Ich hab durchaus vor, sie zu gewinnen.«

Simon schmunzelte und fuhr fort: »Bei anderen Regeln geht's um das, was wir essen. Wir dürfen nur reine, **koschere Sachen** essen. Das klingt komisch, nicht wahr? Es heißt aber, dass Tiere nach gewissen Vorschriften geschlachtet werden müssen, bevor wir damit kochen dürfen, und dass Schweinefleisch uns überhaupt verboten ist. Fleisch oder Wurst dürfen wir nicht zusammen mit Milch oder Jogurt zu uns nehmen. Man gewöhnt sich daran, und im Grunde ist es nicht schlimmer als manche Fastenregeln in anderen Religionen, sagt Papa.«

»Die Geschichte mit dem Schweinefleisch habt ihr uns abgeschaut«, meinte Ali aus tiefer Überzeugung. »Das dürfen wir auch nicht essen. Aber in Wahrheit geht es mir nicht ab.«

»Denk doch nach, du Dussel, der Lehrer hat in der Schule gesagt, dass der jüdische Glaube älter als der muslimische ist«, fuhr Sonam dazwischen.

Lhalita drehte an ihrem Zopf und musterte Simon nachdenklich.

»Wer passt eigentlich auf, dass ihr all die vielen Regeln einhaltet?«, erkundigte sie sich.

»Nun, erstens haben wir alle ein Gewissen, das uns dabei hilft. Außerdem gehen wir in den Gottesdienst, der wird in der **Synagoge** abgehalten, so heißt unser Gotteshaus. Wir Männer tragen dort die **Kippa**, das Käppchen auf dem Kopf. Besonders strenggläubige Juden tragen die Kippa immer und lange Locken an den Schläfen. Vor Gott mit bloßem Kopf zu erscheinen, finden sie unpassend. Sie beten drei Mal täglich, aber für den frommen Juden ist das ganze Leben ein einziger Gottesdienst.

Jeder von uns hat seinen Platz in der Synagoge, mit einem kleinen Kästchen, in dem sich das Gebetsbuch und der Gebetsschal befinden. Der **Rabbiner** hält Predigten, er erklärt uns, was wir zu tun haben, und erzählt uns aus unserer Geschichte. Wir haben auch einen Vorbeter, der während des Gottesdienstes aus einem Schrank – **der heiligen Lade** – eine der Thorarollen herausholt und daraus vorträgt. Das ist sehr feierlich. Wenn das geschieht, stehen wir auf und grüßen die Thora. Am liebsten aber höre ich dem Kantor zu. Er singt, es sind oft alte Lieder, manche klingen wehmütig, und andere scheinen aus fremden Ländern zu kommen, wohl weil unser Volk so oft weit verstreut in der Welt gelebt hat. Der Kantor hat eine schöne Stimme. Deshalb ist er auch in unseren Gottesdiensten ein geachteter Mann.«

Die Katze öffnete ein Auge, dann das andere. Sie streckte sich und sprang zu Boden. Plötzlich schlug sich Simon mit der flachen Hand gegen die Stirn. »So viele Feste habe ich erwähnt«, sagte er, »und ausgerechnet den **Sabbat** habe ich ausgelassen.«

»Ich glaube, das ist euer Sonntag, oder?«, rief Katja.

»Und was für einer! Ein Super-Sonntag. Bloß ist es ein Samstag. Das Wort kommt aus dem Hebräischen und heißt auf Deutsch ›ruhen‹. Also dürfen wir in dieser Zeit kein bisschen arbeiten. Wir sollen uns ausruhen, wie Gott es am siebten Tag der Schöpfung auch getan hat.«

»Und da eure Feste am Vortag beginnen, dürft ihr ab Freitagabend feiern«, rief Ali eifrig.

»Ja, da gehen wir in den Gottesdienst. Zu Hause essen wir fein, und Mama zündet zwei Kerzen an. Papa segnet Brot und Wein. Am Samstag gehen wir abermals beten, essen gut und schlafen aus. Sehr gemütlich …«

Der alte Mann richtete sich auf. »Du hast uns viel Neues erzählt«, sagte er. Es klang bewundernd.

»Ich habe oft mit meinen Eltern darüber gesprochen, und der Rabbiner hat auch geholfen«, erklärte Simon.

Wein und Kerze auf dem Sabbattisch

Christentum

»Ob wir uns das alles merken werden?«, überlegte Sonam.

»Du hast dir die Regeln des Murmelspiels auch ganz gut gemerkt«, meinte Simon trocken. Katja nickte. Sie nahm wieder Schwung, und bald flog die Schaukel in hohem Bogen durch die Luft.

Der alte Mann stand auf und ließ seinen Blick über den Spielplatz gleiten, der friedlich in der Sonne lag. »Ein feiner Tag, heute«, sagte er zufrieden.

»Vater nennt das ein Geschenk des Allmächtigen«, meinte Ali. «Gelobt sei sein Name.«

»Durchaus«, sagte der Alte nachdenklich und fügte hinzu: »Katja soll uns jetzt über ihren Glauben erzählen. Das **Christentum** ist aus dem Judentum entstanden. Vieles kann man daher besser verstehen, wenn man die beiden Religionen miteinander vergleicht.«

Katja zog die Beine an, um den Schaukelflug zu bremsen.

»Du liebe Güte«, meinte sie verwirrt. »Ich habe mir zu Hause einiges zusammengeschrieben, aber es ist sehr viel.«

»Wer sich mit Religionen beschäftigt, braucht immer Geduld«, stellte der Alte fest. »Schließlich sind sie auch langsam gewachsen, bis sie wurden, was sie heute sind.«

»Fang mit dem Wichtigsten an, der Rest folgt von selbst«, schlug Simon vor.

Die Schaukel kam zum Stillstand, Katja überlegte. Sie seufzte und begann: »Ich denke, wichtig ist, dass auch wir Christen nur an **einen Gott** glauben, der alles kann und dem nichts unmöglich ist. Deshalb nennen wir ihn allmächtig. Kein Wunder, schließlich hat er die Welt geschaffen und die Menschen dazu. Das war mutig, und manchmal frage ich mich, ob er sich vorstellen konnte, was dabei herauskommen würde.«

»Der Allmächtige heißt auch ›der Allwissende‹, zumindest bei uns«, meinte Ali. »Dann wusste er wohl auch, was er tat?«

»Ich denke schon«, überlegte Katja laut vor sich hin.

»Zurück zum Anfang«, unterbrach der Alte, »sonst wird es zu verwirrend.«

Katja fuhr fort: »Simon hat uns erzählt, dass die Juden auf einen Boten Gottes warten, der später einmal dafür sorgen soll, dass das Böse von der Erde verschwindet. Er soll Glück und Frieden bringen. Ihr nennt ihn ›Messias‹.« Sie sah Simon an, der nickte nur.

»Ebendiesen Messias hat Gott uns bereits geschickt«, sagte Katja. »Es war **Jesus**.«

»Übrigens«, unterbrach der Alte, »heißt Jesus auf Hebräisch ›Messias‹ und auf Griechisch ›Christus‹, ›der von Gott Gesalbte‹. Das bedeutet, dass Gott ihn gesegnet hat, denn er liebte ihn wie seinen eigenen Sohn. Jesus sprach Gott immer mit ›Abba‹ an, das heißt auf Hebräisch ›Papa‹.«

»Fein«, meinte Lhalita, »die haben sich wohl gut vertragen.«

»Sicher. Gott schickte uns Jesus auf die Erde, weil er sichtbar machen wollte, wie sehr er uns liebt. Man konnte Jesus ansehen und ihn anfassen, mit ihm sprechen. Jesus konnte sich freuen, nachdenklich sein und sich ärgern. Er diskutierte gerne, war ein Bote Gottes, den die Menschen gut verstanden. Es war ein großes Abenteuer, auf das Jesus und Gott sich einließen, um den Menschen zu helfen, besser zu werden und sich mit Gott zu vertragen.«

»Wenn ich denke, was für Streiche wir spielen, ist das kein leichtes Vorhaben gewesen«, überlegte Sonam halblaut.

»Gott wollte den Menschen nahe kommen und sandte Jesus Christus. Jesus hatte ein kurzes und schweres Leben. Davon erzähle ich euch später. Mit etwa 33 Jahren starb er am Kreuz und fuhr dann in den Himmel auf.

Viele Menschen blieben ratlos und traurig zurück. ›Soll das alles gewesen sein?‹, fragten sie. ›Und wie wird es nun weitergehen?‹

Um den Menschen auch nach dem Tod Jesu weiterzuhelfen, schickte Gott den **Heiligen Geist** zur Erde. Wenn man so will, sind sie ein Dreierteam, und daher werden sie **Dreifaltigkeit** genannt. Stimmt's?«, wendete sich Katja an den alten Mann.

»Das mit dem Dreierteam ist gut«, pflichtete er bei. »Indem der Gott der Christen auf drei Arten handelt – nämlich als Vater, Sohn und Heiliger Geist – und trotzdem einer bleibt, ist er mächtig und stark.«

Er hatte sich hingesetzt und sah zu, wie Sonam eine Startlinie durch den Sand zog.

»Die ist schief«, meinte er, »so ist dein Freund im Nachteil.«

Sonam beeilte sich, den Strich auf dem Boden zu korrigieren.

»Ali, du darfst beginnen«, sagte er, »dann kommt Simon dran.«

Nachdenklich hatte Katja mit der Schuhspitze ein Muster in den Sand gemalt.

»Jetzt wisst ihr ein bisschen über Gott Bescheid, nun werde ich euch über Jesus erzählen«, beschloss sie. »Ohne ihn wäre das Christentum nie entstanden. Er wurde in eine Zeit geboren, in der viele Menschen sich einen Messias wünschten und auf einen Erlöser warteten. Denn damals, in Judäa, wo Jesus auf die Welt kam, herrschten die Römer sehr streng. Die Juden mochten das nicht, sie fühlten sich unterdrückt und ausgebeutet.«

»Einmal mehr«, bemerkte Simon. Er holte seine Murmeln aus der Tasche.

»Und so hofften viele von ihnen, dass jemand zur Hilfe kommen würde«, fuhr Katja fort. »Jesus galt als Sohn von **Josef und Maria aus Nazareth**. Er kam in Bethlehem auf die Welt. Seinen Geburtstag feiern wir Christen am 24. und am 25. Dezember. Es heißt, dass man in jener Zeit an genau diesen Tagen am Himmel einen seltenen Stern beobachten konnte.

›Wenn solch ein wunderbarer Stern über den Himmel wandert, wird sicher auch auf der Welt etwas Außergewöhnliches geschehen‹, dachten die Menschen. Drei weise Männer, die den Stern gesehen hatten, folgten ihm durch die Wüste. So fanden sie Jesus.

Das **Neue Testament** ...«

»Das muss euer zweiter Teil der Bibel sein«, rief Simon aus.

Katja nickte. »Ja. Im Alten Testament wird über die Hoffnung der Menschen auf den Messias gesprochen und über die Zehn Gebote Gottes, die Mose erhalten hatte ...«

»Ganz so wie bei uns, das mit den Geboten«, meinte Simon zufrieden.

»Jawohl, sie sind auch für die Christen gültig«, sagte Katja. »Das Neue Testament, es wird nur von den Christen anerkannt, berichtet über das Leben Jesu und über die Entwicklung der ersten christlichen Gemeinschaften.«

Katja strich sich eine Strähne aus der Stirn. »Das Neue Testament erzählt also, Jesus sei in einem Stall zur Welt gekommen. Seine Eltern waren gerade auf Reisen. Man konnte damals Zimmer nicht einfach reservieren, und alle Gasthöfe und Herbergen waren voll mit Gästen. Kein Wirt wollte den jungen Leuten Unterkunft geben, obwohl Maria für alle sichtbar ein Baby erwartete. Die beiden machten es sich in einem Stall so bequem es ging. Maria brachte Jesus auf die Welt und wickelte ihn in Windeln, damit ihm nicht kalt wurde. Dann legte sie ihn in eine Futterkrippe. Das war praktisch, da war ihm warm, und er konnte nicht herausfallen.

Als die drei Weisen ankamen, sagten sie sich, dass es wohl der Messias und daher ihr zukünftiger König sein müsse, der hier vor ihnen lag. Sie gaben dem Kleinen Geschenke und hießen ihn auf der Erde willkommen. Da sie eine ganze Weile gegangen waren, wird die Ankunft der **Heiligen Drei Könige**, so werden sie auch genannt, erst am 6. Januar gefeiert. Jesus wuchs im Kreise seiner Familie auf und lernte den Beruf seines Vaters, der Handwerker war. ›Früh übt sich‹, fand Josef, und so half der Junge seinem Vater von klein an in der Werkstatt bei der Arbeit.

Mit der Zeit aber beschloss Jesus, doch nicht Handwerker zu werden. Er dachte viel nach und schloss sich einer religiösen Gruppe an, die von **Johannes dem Täufer** geleitet wurde. Johannes war ein Prediger, er sagte den Messias in der Gestalt Jesu voraus. Der würde König über die ganze Welt werden, und alles würde gut werden. Johannes betonte in seinen Reden, dass die Menschen ihre Sünden bereuen und sich auf die Ankunft des Messias vor-

Jesu Geburt in Bethlehem

bereiten sollten. Um zu zeigen, dass man sich von der Schuld und dem Bösen reinwaschen konnte, ließ auch Jesus sich von Johannes taufen.«

»In einer Kirche?«, fragte Ali interessiert.

»Nein, damals gab's ja noch keine Kirchen. Johannes stand in einem Fluss, der Jordan hieß, und tauchte Jesus kurz unter Wasser. Wasser spült den Schmutz weg. Johannes spülte also sozusagen alle Sünden weg. Das beeindruckte die Zuhörer, sie verstanden, was er damit meinte. ›Das machen wir auch‹, beschlossen viele und ließen sich ebenso taufen.

Jesus war damals fast schon dreißig Jahre alt. Später wurde auch er ein Wanderprediger. Er nannte sich Sohn Gottes und erzählte den Menschen von Gott und vom Frieden, der eines Tages auf der Welt herrschen würde. Er zog übers Land, sprach in Synagogen und auf Plätzen. Er sprach gut und bezeichnete sich als Lehrer.«

»Als Rabbi?«, fiel Simon ein.

»Ja, so heißt doch Lehrer auf Hebräisch? Jesus erzählte von Gott und seinem großen Himmelreich. Am liebsten sprach er zu Kranken, zu Armen oder zu Menschen, mit denen niemand etwas zu tun haben wollte. Diese Leute wünschten sich das Reich Gottes dringend herbei. Aber auch jene, die ein schönes Leben führten, dachten nach. Es sollte allen gut gehen, kein Unglück und keine Ungerechtigkeiten sollten mehr herrschen.

›Teilt euer Brot und eure Trauben, geizt nicht mit euren Fischen und mit eurem Fleisch. Vor allem hört endlich auf, miteinander zu streiten‹, predigte Jesus.

Manchmal heilte er Kranke, ja er weckte sogar Tote wieder auf. Solche Wunder sahen viele Menschen als Beweis dafür, dass Jesus der erwartete Messias war. Er wurde im ganzen Land bekannt. Dennoch waren etliche, die ihn kennen lernten und ihm zuhörten, von ihm ordentlich enttäuscht.«

»Hör mal, mehr, als dass er Wunder wirkte, konnten die doch wohl nicht von ihm erwarten?«, fragte Sonam empört.

»Doch. Denn sie hatten gehofft, der neue König würde ungeheuer majestätisch sein, prächtig gekleidet und Ehrfurcht gebietend durch die Menge schreiten, wie Könige das so tun. Wer kam daher? Ein einfach gekleideter, bärtiger junger Mann mit freundlichen Augen, der jeden Luxus ablehnte und erklärte: ›Nicht den Mächtigen, sondern nur den Friedlichen wird die Erde einmal gehören.‹ Und dass auch jene, denen es jetzt nicht gut ging und die darüber traurig waren, später gerecht behandelt würden. Jesus riet: ›Vergebt denen, die gemein zu euch sind. Denkt ein bisschen an die anderen. Seid ihr freundlich zu ihnen, werdet ihr euch wohler fühlen. Am besten, ihr liebt die anderen wie euch selbst, das tut allen gut.‹«

»Das ist gar nicht einfach, fast wie bereuen«, fand Simon. Der Alte lächelte.

»›Gott verzeiht euch eure Sünden‹, sagte Jesus. ›Und wenn ihr anderen auch verzeiht, werden sie euch dafür umso lieber haben. Dann fällt es euch auch immer leichter, Gutes zu tun und den Armen und Kranken zu helfen.‹

Das war ein anspruchsvolles Programm, und nicht alle Leute hörten es gerne. Denn es bedeutet eigentlich, dass man die Menschen an ihren Taten erkennt und dass Macht und Stärke nichts wert sind. Auch betonte Jesus immer wieder, dass vor Gott alle Menschen gleich wichtig sind, egal, ob gut, böse, reich oder krank. Und dass Gott sie mag und bereit ist, ihnen zu verzeihen, wenn sie ihre Sünden bereuen.«

»Das klingt doch alles schwer in Ordnung. Warum störte das die Leute?«, fragte Ali erstaunt. Er nahm seine Murmel vom Boden hoch und putzte sie liebevoll.

»Einige von ihnen meinten, wenn Jesus so ein wichtiger ›König der Juden‹ sei, dann solle er doch die lästigen Römer aus dem Land entfernen. Sie dachten, Fische und Brot vermehren – wie Jesus es schon getan hatte – sei ja schön und gut, doch Macht könne man durchaus auch politisch einsetzen, nicht nur zur Nächstenliebe. Die bedeutete vielen nichts. Und dass Jesus als normaler Mensch unter vielen armen oder ausgestoßenen Mitmenschen lebte und selbst noch bescheidener war als die, das konnten sie einfach nicht verstehen. Wozu ein Reich des Friedens bauen, wenn die Römer noch das Sagen hatten?

Obendrein umgab sich Jesus mit Freunden, die er seine **Jünger** nannte und die das Gleiche predigten wie er. Sie sagten Dinge, die einigen Leuten nicht in den Kram passten. Und so fanden es manche ganz in Ordnung, als Jesus den römischen Besatzungsmächten und den jüdischen Priestern unheimlich wurde. ›Ein unnützer Kerl, einer der mit vielen schönen Versprechungen Unruhe unter das Volk bringt‹, fanden sie.

Die einen verstanden die anderen nicht, und alle sprachen aneinander vorbei, wie das öfter vorkommt.

Die jüdischen Priester behaupteten, dass Jesus König von Judäa werden wollte, wenn er vom Reich des Friedens sprach. Der einzige König der Juden war doch der römische Kaiser, den man sicher nicht vom Thron verdrängen durfte. Das roch nach Aufruhr und Unfolgsamkeit. Und bald munkelten sie, dass den Römern in Israel die Macht entgleiten würde.«

»Wenn du es so erklärst, kann man das sogar verstehen«, fand Ali. Er hatte die Murmel vorsichtig wieder in den Sand gelegt, und nach einem schrägen Blick auf Sonam hatte er ihr sogar einen kleinen Stoß versetzt.

»**Pilatus** war damals römischer Statthalter, sozusagen Oberkommandant von Jerusalem.

Jesus beim Predigen

Das Letzte Abendmahl

Er wollte nur, dass in seiner Stadt Ruhe herrschte, und beschloss daher, Jesus vor Gericht zu bringen. Viele Leute waren einverstanden. ›Das ist bloß ein Angeber, nie im Leben ist das Gottes Sohn. Wer weiß, was der Übles plant. Besser, man entfernt solche Typen gleich‹, sagte man.

Den Rest wissen wir ja: Er wurde zum **Tode am Kreuz** verurteilt. Es war eine traurige Geschichte. Jesus lud am Abend vor seiner Gefangennahme seine Jünger ein. Dieses Essen sollten sie nie vergessen, man nennt es noch heute das **Letzte Abendmahl**. Er teilte Brot und Wein mit ihnen, das hatte er schon oft getan. Nur diesmal sagte er, als er das Brot ausgab, ›Das ist mein Leib‹, und zum Wein, den er einschenkte, sagte er: ›Das ist mein Blut, das vergossen wird, zur Vergebung der Schuld.‹«

»Die armen Jünger, denen musste ja ganz unheimlich werden«, meinte Lhalita.

»Ja. Es machte sie betrübt, denn Jesus wollte damit sagen, dass er sich hergeben würde, um für die Sünden aller Menschen zu büßen. Er wehrte sich nicht, als man ihm vor seiner Hinrichtung zum Spott eine Dornenkrone aufsetzte und sein Kreuz selber tragen ließ. Und er ließ sich ans Kreuz schlagen, ganz so, als ob er ein grässlicher Räuber oder Mörder wäre.«

»Abscheulich«, meinte Lhalita und schüttelte sich.

»Traurig war Jesus, verzweifelt, und er hatte große Schmerzen. Auch fühlte er sich von Gott verlassen. Er starb mit einem lauten Schrei. Es wurde dunkel, dann donnerte und blitzte es, und die Erde bebte. Das bedeutete sicher nichts Gutes.

Maria war verzweifelt. Und die Jünger waren sehr bedrückt, nachdem Jesus gestorben war. Sie hatten einen guten Freund und klugen Lehrmeister verloren. Auch fürchteten sie, dass nun aus dem Himmelreich auf Erden nie mehr etwas werden würde.

Doch Jesus blieb nicht lange tot. Seine Jünger berichten in ihren Schriften, dass einige befreundete Frauen drei Tage später das Grab besuchen gingen. Sie erschraken, denn das Grab war leer. Nur noch das Leichentuch von Jesus lag da.

›Wollte vielleicht jemand seinen Leichnam verschwinden lassen?‹, überlegten sie. Schließlich war Christus berühmt – von manchen geliebt, von anderen gehasst.

Die Frauen wussten nicht, was sie tun sollten. Da erschien plötzlich ein Engel und berichtete, dass **Jesus auferstanden** sei. Jesus zeigte damit, dass der Tod nicht das Leben beendet, sondern dass es ein ewiges Leben gibt, jenseits unserer Welt. Und dass man vor dem Tod daher keine Angst haben muss. Die Frauen liefen, so schnell sie konnten, zu den Jüngern und erzählten bestürzt, was sie erlebt hatten.«

»Sind die Jünger die Apostel?«, fragte Simon. »Ich finde das verwirrend.«

Katja überlegte mit gerunzelter Stirn. Der alte Mann öffnete den Mund, um ihr weiterzuhelfen, doch dann fiel es ihr ein:

»Du hast Recht, sie heißen auch oft **Apostel**. Im Wörterbuch steht, das Wort kommt aus dem Griechischen und heißt ›Sendbote‹. Passt ja gut zu den Jüngern, denn sie sollten die Lehre von Jesus in der Welt verbreiten. Jesus bat sie, das zu tun, als er nach seiner Auferstehung noch eine Weile bei ihnen blieb, um sie zu trösten und ihnen wieder Mut zu machen. Als er das Gefühl hatte, dass die Jünger auch ohne ihn einen festen Glauben behalten konnten, verabschiedete er sich und verschwand. Dieses Fest des Abschieds nennen wir **Christi Himmelfahrt**. Jesus hinterließ eine fest entschlossene Gruppe von Freunden, deren Vorhaben es war, der ganzen Welt von der frohen Botschaft des Evangeliums zu erzählen.«

»Was ist das **Evangelium**?« Sonam fuhr sich ratlos mit der Hand über die Stirn.

Ein winziger Hund näherte sich seiner Murmel und gab ihr einen Stupser.

»Das ist unfair!«, rief Ali. »Hunde sind verbotene Hilfsmittel!« Der Hund nahm die Murmel ins Maul und kaute daran. Es krachte. Der Alte lachte und stand auf.

»Du erlaubst«, sagte er höflich zum Tier. Er holte die Kugel aus seinem Maul, wischte sie in der Wiese ab und legte sie genau dorthin, wo sie gewesen war. Der Hund lief wieder weg.

Katja dachte nach. »Das Evangelium – ich weiß nicht genau, was das Wort bedeutet, auch wenn wir es oft benutzen. Weißt du es?«, wandte sie sich an den alten Mann.

»Es heißt ›frohe Botschaft‹. Auch dieses Wort kommt aus dem Griechischen«, antwortete er. »Die Menschen sollten hören, dass Christus – um ihnen zu helfen – bereit gewesen war, alle Qualen hinzunehmen und am Kreuz zu sterben. Und dass Gott den Menschen ewiges Leben schenkt, der Tod zwar ihr Leben auf der Erde beendet, nicht jedoch im Himmel. Das sollten alle wissen, und jeder, der an die Auferstehung glaubte und bereit war, seine Sünden zu bereuen, sollte getauft und somit vom Bösen reingewaschen werden.«

»Die Apostel zogen los und gründeten Gemeinden, die nach den christlichen Lehren lebten«, fuhr Katja fort. »Die wichtigsten Apostel waren **Petrus** und **Paulus**, denke ich. Petrus heißt auf Griechisch ›Fels‹. Ursprünglich hatte der Mann Simon geheißen.«

»Wow, so wie ich!«, rief Simon.

»Ja, genau«, meinte Katja. »Aber weil Jesus ihm sagte: ›Du bist der Fels, auf dem ich meine Kirche bauen werde‹, blieb ihm der Name. Er wurde das Oberhaupt der Christen. Paulus war anfangs gegen Jesus gewesen. Doch dann begegnete ihm der auferstandene Christus. Das erschütterte Paulus so, dass er zu einem leidenschaftlichen Verbreiter des Evangeliums wurde. Er gründete viele christliche Gemeinden und reiste weit in der Welt herum, damit möglichst

Tod am Kreuz

viele Menschen vom neu entstandenen Christentum hörten. Flugzeuge und Autos gab's damals nicht, also nahm man das Schiff oder setzte sich auf den Rücken eines Esels. Weite Strecken legte Paulus zu Fuß zurück wie alle seine Freunde auch. Die neue Lehre verbreitete sich unheimlich schnell, wenn man überlegt, dass all die Apostel und frühen Christen weder Internet noch Telefon hatten.«

»Das kann keine leichte Aufgabe gewesen sein«, überlegte Ali. »Schließlich waren die Apostel nicht weltweit bekannt, überall hätten sie als Verräter oder Betrüger abgelehnt und verjagt werden können.«

Er warf eine Murmel in die Luft und fing sie wieder auf.

»Ich bin dran.« Sonams Kugel zog eine feine Linie durch den Sand.

»Du hast Recht, man verfolgte sie«, sagte Katja. »Sie waren den römischen Herrschern sehr lästig, die wurden ja von ihren Untertanen wie Götter verehrt. Da kamen nun die Apostel, erzählten von einem anderen, besseren, gütigeren Gott. Und bekehrte Christen weigerten sich, die römischen Kaiser und schon gar die alten Götter anzubeten. Das war ein noch nie da gewesenes Benehmen. Aufmüpfige Bürger, die widersprachen, Sklaven, die an ein glückliches Leben im Jenseits glaubten, Frauen, die fremden Männern beim Predigen zuhörten. Einfach unerhört!

Die römischen Kaiser wurden wütend und ließen diese Christen oft gefangen nehmen und foltern. Es sollte ihnen die Lust an ihrem aufmüpfigen Glauben vergehen.

›Man wird schon sehen, wer stärker ist‹, dachten die Kaiser böse, und ›Die vernichten wir wie lästiges Ungeziefer‹, zischten ihnen die Berater zu. Doch alle irrten. Viele Christen blieben stark und machten sich zum Ziel, die Botschaft von Jesus Christus in der ganzen Welt zu verbreiten, möglichst viele Menschen zu bekehren. Und sie schafften es auch.

Innerhalb von drei bis vier Jahrhunderten war das Christentum weit über das Mittelmeer hinaus bekannt und verbreitet. So kam es, dass im 4. Jahrhundert ein römischer Kaiser – er hieß Konstantin – den Christen erlaubte, ihre Religion auszuüben. Im Mittelalter waren schon viele Teile Europas christlich, und um noch mehr Menschen zu gewinnen, schickte man **Missionare** in die ganze Welt. Das waren Leute, die die Botschaft von Jesus verbreiteten und die Menschen tauften.«

»Genug Geschichte«, beschloss Sonam. »Ich will zur Abwechslung mal was von euren Festen hören. Habt ihr auch so viele wie die Juden?«

»Wir haben jedenfalls genug Feste«, meinte Katja.

»Daran besteht kein Zweifel«, sagte der alte Mann. »Doch ich glaube, Katja ist mit der Geschichte des Christentums noch nicht fertig. Lass sie zu Ende erzählen, sonst entgeht uns ein spannender Teil.«

Ein Hund, diesmal ein großer, stürmte vorbei. An seiner Leine hing eine Dame. Kläffend zog das Tier sie den Weg entlang, die Dame stolperte. Der Alte pfiff und der Hund stand still.

»So was«, sagte die Dame. »Wie schaffen Sie das? Mir folgt mein Schätzchen nie.«

»Er ist ein Weiser«, sagte Simon erklärend, »die können das eben.«

Verwundert hob die Dame die Augenbrauen, dann ging sie weiter.

Katja blickte ihr nach, schüttelte den Kopf. »So viele Hunde«, sagte sie. »Das hier ist doch ein Kinderspielplatz.«

»Vielleicht sind es ja Wiedergeburten von Kindern«, meinte Lhalita wissend.

»Wiedergeburten?« Ali sah sie fragend an.

»Wir glauben an Wiedergeburten«, wollte Lhalita erklären, doch Katja fuhr fort:

»Immer mehr Menschen bekannten sich zum Christentum. Schließlich waren es so viele, dass sie sich miteinander nicht mehr gut verständigen konnten. Alles geriet aus den Fugen. Die einen dachten, sie hätten mehr Rechte, die anderen waren überzeugt, dass sie es besser wussten. Die einen wollten mächtig sein, die anderen nahmen das übel. Mit der Zeit bildeten sich **zwei Mittelpunkte des christlichen Glaubens** heraus, die sich nicht vertrugen.

Ein Mittelpunkt lag in Byzanz. Dort hatten sich die Menschen angewöhnt, Abbildungen von Heiligen zu verehren und anzubeten. Daran stieß sich der andere Teil der Christen, deren Anführer in Rom lebten. Es gab Ärger und Streit. In Wirklichkeit, hat Papa mir erklärt, ging es aber beiden Glaubensgemeinschaften darum, wer stärker sein würde und wer das Sagen hatte. Sie trieben es jedoch so weit, dass sie im 11. Jahrhundert auseinander gingen, sich teilten. Die **katholische Kirche** blieb in Rom und die **orthodoxe Kirche** in Byzanz.«

»Danach fühlten sie sich besser?«, fragte Lhalita.

»Das weiß ich nicht. Aber es war wohl so, dass die Menschen unterschiedliche Meinungen von dem, was richtig und wichtig war, entwickelten. So gab es später noch mehr solcher Teilungen. Es entstanden verschiedene Richtungen, die einen nennt man orientalisch, die anderen orthodox. Diese Traditionen waren miteinander verbunden, manchmal mehr, manchmal weniger. Einige machten sich ganz selbstständig.

Zu den Kirchen gibt es die Oberhäupter: Für die katholische Kirche ist es zum Beispiel der **Papst** in Rom und für die russisch-orthodoxe der **Patriarch** in Moskau.

Später, im 16. Jahrhundert, gab's wieder Unruhe in der Kirche. Das war hier in Mitteleuropa. Viele Menschen meinten, dass die Kirche eine Erneuerung brauchte. Sie fanden, dass die

Leute es sich zu einfach machten und den christlichen Lehren nicht mehr folgten. Bräuche hatten sich breit gemacht, die ihnen nicht gefielen. ›Das Benehmen der Gläubigen verlottert‹, sagten sie.

Besonders stießen sich die Erneuerer daran, dass etliche Bischöfe sehr reich waren, Geld für die Vergebung der Sünden nahmen und sich wenig um die Armen kümmerten. Mit dieser Art zu leben waren viele Menschen nicht einverstanden, weil Jesus gesagt hatte, dass man seine Dinge mit den anderen teilen soll.

›Eine Erneuerung muss her‹, dachten einige Leute. So kam es zur **Reformation**.

In Deutschland war es **Martin Luther**, der meinte, dass all diese schlechten, hab- und machtgierigen Gewohnheiten abzuschaffen seien. Die Vergebung von anderen Menschen kaufen zu müssen, das fand er ganz unmöglich. Schließlich konnte einen ja nur Gott selbst von der Schuld lossprechen, wenn man ihn um Verzeihung bat, meinte er. Seine Ansichten verbreiteten sich schnell.

Doch die katholische Kirche hatte Angst um ihre Macht und ihren Reichtum. Sie lehnte Luther ab, wie übrigens auch **Johannes Calvin**, der ein anderer Reformator war. Wieder gab es Streit, und die Fronten verhärteten sich.

Schließlich spaltete sich die Kirche der Reformatoren von der katholischen Kirche ab. Sie nannte sich **evangelisch**, manche bezeichnen sie als protestantisch, weil sie protestierte. Die beiden stritten sich lange darüber, wer die echte christliche Lehre vertrat.

»Ich habe gedacht, Kirchen sind Gebäude mit hohen Türmen?«, fiel Sonam plötzlich ein.

»Ein gescheiter Einwand«, fand der alte Mann. »Was sagst du dazu?«, fragte er Katja.

»Das ist gar nicht so schwer. Alle getauften Christen zusammen bilden die Kirche, auch wenn die in verschiedene Bekenntnisse gespalten ist, wie eben die katholische und die protestantische. Dann gibt es noch die Gebäude, von denen du sprichst. Die heißen auch so«, antwortete Katja.

Ein Sonnenstrahl stahl sich über den Boden, die Murmeln blitzten auf, gelb, rot und grün.

»Die Sonne will mitspielen.« Katja lächelte.

»Wie sehen die Kirchen innen aus?«, fragte Simon neugierig. »Ich war noch nie drinnen.«

»Einen Turm haben sie, damit sie schon von weitem gesehen werden, und Glocken, damit man sie hört, wenn sie zum Gottesdienst rufen. Der katholische Gottesdienst heißt **Messe**. Es gibt aber auch einen **ökumenischen Gottesdienst**, den feiern wir evangelisch-katholisch, also gemeinsam. Ich finde das sehr vernünftig.

Die katholischen Kirchen sind innen geschmückt, mit Heiligenfiguren, Bildern und Blumen.

Andere Kirchen, vor allem die evangelischen, sind innen ohne Schmuck. In beiden gibt's Bänke für die Gläubigen, und in jeder Kirche steht vorne ein **Altar**. Das ist ein Tisch, auf dem die **Bibel** liegt, daraus liest man während des Gottesdienstes vor. Auch der Wein und das Brot für das Abendmahl befinden sich auf dem Altar. Dort brennt immer eine kleine Kerze, **das Ewige Licht**.«

»Und was ist nun eigentlich dieses Abendmahl?«, wollte Lhalita wissen.

»Das ist ein christlicher Brauch. Er heißt auch **Kommunion**, das Wort kommt aus der lateinischen Sprache, hat mein Papa gesagt, und bedeutet ›Gemeinschaft‹. Damit erinnern wir uns an das letzte Essen, das Jesus mit seinen Jüngern eingenommen hat, am Abend bevor er gefangen genommen wurde. Wisst ihr das noch? Deshalb werden bei der Abendmahlfeier Brot oder kleine Oblaten ausgeteilt. Manchmal auch Wein. Damit wollen die Gläubigen sichtbar machen, dass sie an das Opfer von Jesus glauben, das ihnen die Vergebung der Sünden ermöglicht. Kommunion wird jeden Tag gefeiert, besonders aber sonntags, wenn sich die Christen in der Kirche treffen. Dann singen wir Lieder und beten. Besonders wichtig sind uns das **Glaubensbekenntnis** und das **Vaterunser**, zwei Gebete, in denen wir sagen, dass wir an nur einen Gott glauben.«

»Die haben wir auch!«, rief Ali. »Es gibt keinen Gott, außer dem einzigen Gott …«

»Stimmt ja auch. Bei uns heißt es: ›Ich glaube an Gott, den Allmächtigen …‹«, pflichtete Katja ihm bei. »Aber vorher liest der Pfarrer aus der Bibel. Er spricht über das, was er gelesen hat, erklärt es den Menschen und macht ihnen Mut, dem Vorbild Jesu zu folgen. Man soll seine Mitmenschen gerne haben, den Zehn Geboten folgen, und alles, was man hat, mit jenen teilen, die es brauchen können. Kurz und gut, sagt Mama immer, man soll ein anständiger Mensch sein.«

Katja seufzte, und der alte Mann lachte wieder.

»Deine Mama hat Recht«, meinte er. »So schwer, wie es klingt, ist das nämlich nicht.«

»Wir haben genug Ernstes gehört, jetzt erzähl mal was über eure Feste«, schlug Sonam vor. Er stupste Ali. »Ich kenne noch ein Spiel. Willst du es probieren?«

Ali betrachtete all die Murmeln, die Sonam gewonnen hatte, und sagte niedergeschlagen: »Aber nur, wenn ich zur Abwechslung auch gewinne!«

»Mit welchem Fest soll ich beginnen?«, überlegte Katja. »Am schönsten ist **Weihnachten** im Dezember, weil wir da die Geburt von Jesus feiern. Er kam doch in einem Stall auf die Welt. Deshalb stellen wir zu Weihnachten im Wohnzimmer eine kleine Krippe auf, mit Figuren von Maria und Josef, von den drei Weisen und von Ochs und Esel. Hirten gibt's auch. Die sind wichtig, denn sie waren es, die laut Evangelium zuerst von Jesu Geburt erfuhren. Da es ihnen ein Engel verkündete, schwebt er über vielen Krippen.

Außerdem stellen wir einen **Christbaum** auf, den schmückt die ganze Familie mit bunten Kugeln und Kerzen. Jesus wird das Licht der Welt genannt, und daran soll man zu Weihnachten denken. Wir singen schöne Lieder und geben einander Geschenke. Spätabends gehen wir in die Messe, um daran zu erinnern, dass Jesus in der Nacht zur Welt kam. Ich habe Weihnachten gerne. Alles daran ist fröhlich. Weil es in den Winter fällt, ist es ein gemütliches Fest, mit viel Licht, Musik und Behaglichkeit.«

Katja lehnte den Kopf an das Seil der Schaukel, ein Spatz tschilpte müde.

»In den Januar fällt das **Fest der Heiligen Drei Könige**«, nahm sie ihren Faden wieder auf. »Die Katholiken feiern es, weil an diesem Tag Jesus den drei Weisen aus dem Morgenland zum ersten Mal erschien und von ihnen als Messias erkannt wurde.

Für die Christen ist das von großer Bedeutung. Aber auch die Kinder haben Freude an diesem Fest. Sie verkleiden sich am 6. Januar als Könige und gehen singend von Haus zu Haus. Die Lieder erzählen von der Geburt Jesus. Wo die Kinder eingelassen werden, sprechen sie einen Segensspruch und malen mit Kreide ›C+M+B‹ auf die Haustüren. Das sind die Anfangsbuchstaben von Caspar, Melchior und Balthasar, den drei Weisen. Zugleich bedeutet es auf Latein: Christus segne dieses Haus.

Was der Karneval ist, das wisst ihr ohnehin. Am Ende dieser Zeit gibt es den **Aschermittwoch**. An dem Tag wird manchen Katholiken ein Kreuz aus Asche auf die Stirn gemalt, zum Zeichen, dass sie auch mal Buße tun müssen, dass nicht alles im Leben nur Spaß ist. Die Christen sollen wissen, dass man schlechte Taten bereuen muss und dass es Zeiten gibt, in denen man nicht alles bekommt, was man sich wünscht.

Christbaum zu Weihnachten

So beginnt die **Fastenzeit**: In der isst man weniger und trinkt keinen Alkohol, um Gott zu zeigen, dass man mit sich selbst ins Reine kommen will. Auch entfernt man dadurch den Überfluss aus seinem Körper, den man seit Weihnachten und während des Karnevals genossen hat. Man hat 40 Tage Zeit, ein wenig nachzudenken und vielleicht auch gute Vorsätze zu bilden.«

»Uff, das ist ja viel länger als bei uns«, entfuhr es Simon.

»Und als bei uns!« Ali schüttelte sich.

»Die Fastenzeit endet am Ostersonntag«, fuhr Katja fort. »Davor kommt **Karfreitag**, der ist vor allem für Protestanten ein wichtiger Feiertag. Aber auch die anderen Christen werden daran erinnert, dass Jesus für sie Kummer und Schmerzen auf sich genommen hat. Darauf folgt der **Ostersonntag**. An dem ist Jesus auferstanden, wie ich euch schon erzählt habe. Da feiern wir ein großes Fest. Für die Kirche ist es der wichtigste Feiertag des Jahres. Es tröstet die Menschen, wenn sie wissen, dass es bei Gott ein ewiges Leben nach dem Tod gibt. Die orthodoxen Katholiken feiern in der Osternacht einen besonderen Gottesdienst. Und wir verstecken bunte Eier, erzählen einander vom Osterhasen und freuen uns, wenn wir auch Süßigkeiten und kleine Geschenke bekommen. Dieser Brauch, sagt Papa, kommt aus dem Mittelalter und feierte früher einmal den Beginn des Frühlings.

40 Tage später haben wir das Fest von **Christi Himmelfahrt**. Denn so lange ist Jesus nach seiner Auferstehung bei seinen Jüngern geblieben. Danach wurde er in den Himmel aufgenommen und setzte sich dort an die rechte Seite Gottes.

Am zweiten Sonntag nach Himmelfahrt feiern die Christen **Pfingsten**. Auch das ist ein freudiger Tag. An diesem Tag, berichtet die Bibel, versammelten sich die Jünger, um noch einmal beisammen zu sein. Sie bekamen von Gott den Auftrag, in die Welt zu ziehen und überall von Jesus zu sprechen. Sie sollten von seinem Leben, seinen Taten, von seinem Tod am Kreuz erzählen und allen sagen, dass Jesus der eigentliche König der Welt ist. Am Pfingsttag schickte Gott den Heiligen Geist zu den Menschen, um sie zu erleuchten, heißt es. Das bedeutet, dass Gott immer bei ihnen ist, ihnen hilft, das Richtige zu tun, und die Gläubigen sich daher nie alleine fühlen müssen.

Später gibt es auch noch zwei sehr feine Feiertage. **Sankt Martin** war ein besonders guter Mensch, der nicht mit ansehen konnte, wie es anderen schlechter ging als ihm. Er teilte sogar seinen Mantel mit einem Armen, der eines Tages im Winter am Wegrand saß und schrecklich fror. Am Abend seines Feiertages gehen wir mit Laternen spazieren und singen Lieder zu seinen Ehren.

Das Fest von **Sankt Nikolaus** erinnert an einen Bischof. Er liebte Kinder und half armen Leuten. An dem Tag bekommen wir kleine Geschenke in unsere Schuhe gesteckt.
Außerdem darf ich den **Sonntag** nicht vergessen. So heißt bei uns der Tag des Herrn, er ist Gott gewidmet. An diesem Tag sollen wir nicht arbeiten. Wir sollen ruhen und in den Gottesdienst gehen, zum Dank dafür, dass wir eine schöne Woche hinter uns haben, und um zu überlegen, was wir in nächster Zeit besser machen können.«
»Das ist ja wie das Freitagsgebet in der Moschee!«, rief Ali aus.
»Und wie der Sabbat der Juden«, fügte Simon hinzu. »Gar nicht übel, und dann habt ihr noch die Beschneidung, oder?«
Katja überlegte kurz. »Du meinst wohl die **Taufe**«, sagte sie. »Dadurch wird ein Kind in die Kirche aufgenommen und gehört zur christlichen Gemeinschaft. Es erhält einen Namen und Paten, das sind Zeugen der Taufe, die ihm helfen sollen, ein guter Christ zu werden. Sie sollen ihm auch beistehen, wenn es einmal unglücklich oder ratlos ist.
Bei der Taufe bekommt das Kind drei Mal Wasser über den Kopf gegossen, zum Zeichen, dass es nun von allem Bösen frei ist. Es kann auch sein, dass es ganz ins Wasser getaucht wird, wie zu Zeiten von Johannes dem Täufer. Der Pfarrer tauft im Namen des Vaters, des Sohnes und des Heiligen Geistes, also der Dreifaltigkeit, die ich euch schon erklärt habe. In manchen Gemeinschaften wird auch gewartet, bis man älter ist und sich selber taufen lassen will.
Natürlich wird unser **Geburtstag** nicht vergessen, weil schließlich alle froh und Gott dankbar sind, dass es uns gibt.«
»Und so was wie Bar Mizwah?«, wollte Simon wissen.
»Das ist ein bisschen kompliziert, weil sich da die evangelischen und die katholischen Gebräuche unterscheiden. Wenn die katholischen Kinder ungefähr acht Jahre alt sind, dürfen sie zur **heiligen Erstkommunion** gehen. Da empfangen sie Jesus Christus zum ersten Mal in Form einer kleinen Oblate. Es ist ein wunderbares, besonders wichtiges Fest. Die Kinder werden lange darauf vorbereitet. Sie gehen in den Kommunionsunterricht und lernen dort alles über das Leben Jesu, außerdem Gebete und Lieder, um gut auf diesen Tag eingestimmt zu sein. Zur Erstkommunion wird eine Messe mit viel Gesang und Musik gefeiert. Die Kinder sind an dem Tag die wichtigsten Personen der Familie.
Wenn die Kinder älter sind, werden sie in der katholischen Kirche **gefirmt**. In der evangelischen Kirche gehen sie zur **Konfirmation** und empfangen zum ersten Mal das Abendmahl. Das ist also gewissermaßen eine spätere Kommunion. In beiden Fällen bedeutet es, dass die Kinder ein wirkliches Mitglied der Glaubensgemeinschaft werden, weil sie dazu nun erwach-

sen genug sind. Das kommt also der Bar-Mizwah-Feier am nächsten, oder? Auch für dieses Fest werden die Kinder vorher unterrichtet, damit sie wissen, worum es geht, wofür die Kirche steht und wie sie sich als gute Christen zu verhalten haben.«

»Ja, das kann ich verstehen.« Simon war nachdenklich geworden. »Wie verschiedene Glaubensrichtungen doch Ähnliches von den Menschen verlangen, und zu ähnlichen Zeitpunkten ...«

»Ist beruhigend, findest du nicht auch?«, fiel der alte Mann ein. »Es bedeutet wohl, dass wir im Grunde alle bestimmten Regeln folgen, um herzliche, offene und großzügige Menschen zu werden, was für einen Glauben wir auch immer haben.« Er klatschte in die Hände.

»Kompliment, Katja. Du hast das alles großartig erklärt. Beeindruckend, wirklich.«

Katja neigte den Kopf. Dann hob sie die Beine vom Boden. Die Schaukel, deren Schnüre sie umeinander gewunden hatte, drehte sich blitzschnell im Kreis, und Katja drehte sich mit.

Ali legte seine Murmeln zur Seite und reihte sie zwischen zwei Wurzeln auf.

»Mädchen«, sagte er verächtlich und fügte hinzu: »Jetzt komme ich dran, gelobt sei der Allmächtige. Meine Religion ist der **Islam** ...«

»Spiel dich bloß nicht auf«, meinte Katja. »Ohne uns Frauen geht nichts. Das kann auch deine Religion nicht ändern.«

Sonam grinste. »Sie hat Recht! Ohne Maria gäbe es keinen Jesus, und ohne Esther wären die Juden verloren gewesen, wenn ich das vorhin richtig verstanden hab!«

»Gar nicht zu reden von der weisen Sara, der Frau unseres Stammvaters Abraham. Ohne sie wären die Juden überhaupt nie entstanden«, warf Simon nachdenklich ein.

»Schon gut, schon gut,« meinte Ali begütigend. »Ihr müsst ja immer Recht haben. Bei den Muslimen gibt's schließlich auch tolle Frauen. Amina und Chadidscha. Sie waren die Mutter und die Frau des Propheten, gesegnet sei sein Name.«

»Ich habe gedacht, ihr heißt Mohammedaner?«, wollte Katja wissen. Sie saß still auf ihrer Schaukel, und es war ihr ein bisschen schwindelig.

»Bloß nicht!«, rief Ali entrüstet aus. »So hat man uns früher genannt. Aber wir mögen das nicht. Es bedeutet nämlich, dass wir Anhänger Mohammeds sind. Wir verehren ihn als Propheten, denn er hat Gottes Botschaft an uns weitergesagt. Doch wir beten nicht zu ihm wie zu einem Gott. Das ist ein großer Unterschied.«

»Betet ihr zu Muslim?«, fragte Lhalita verwundert.

Ali lachte. »Nein, Muslim – oder Moslem, wie du willst – so heißt der, der sich Gott hingibt. So nennen wir uns, weil wir das ja tun und dem Willen Gottes folgen.«

Koranschule

Islam

»Dem Willen von *einem* Gott?«, fragte Lhalita.

»Ja, von einem. Islam heißt ›Hingabe an Gott‹. So bezeichnen wir unsere Religion und ihre Regeln.«

»Wenn wir schon von Regeln sprechen«, warf Sonam eilig ein, »mein neues Spiel kommt aus Indien, es heißt Kanju und geht so: Jeder zielt auf ein Loch. Wer zuerst trifft, hat gewonnen und scheidet aus. Die anderen spielen weiter, bis nur noch der Verlierer übrig ist. Der muss auf einem Bein zum Loch hüpfen. Wer spielt mit?«

Er drehte eine Murmel zwischen den Fingern.

»Ich habe keine Zeit«, sagte Ali. »Ich muss euch den Islam näher bringen. Alles zugleich geht nicht.« Wehmütig blickte er auf seine Kugeln, die in der Sonne blitzten.

»Gut, ich springe ein, und Simon soll auch mitmachen«, meinte Katja. Sie holte eine rote Glasperle aus der Tasche. »Wollt ihr eine? Es sind meine schönsten«, fragte sie Lhalita und den Alten.

»Danke, ich höre lieber zu«, meinte Lhalita.

»Ich auch. Doch später zeige ich euch ein Murmelspiel«, schlug der alte Mann vor.

»Was du alles kannst, bist wohl allwissend?«, neckte ihn Simon.

»Wer will das schon sein?«, antwortete er.

»Na, ich wär's gerne«, rief Ali. Dann fuhr er fort: »Der Islam, das ist wichtig, verehrt also nur einen Gott. Wer sich für den Islam entschieden hat, für den gibt's nicht Alltag und Gottesdienst. Für den ist das ganze Leben ein einziger, langer Gottesdienst.«

»Uff, anstrengend«, sagte Lhalita. »Immer singen, beten – herzlichen Dank!«

Ali dachte nach. »Eigentlich nicht«, meinte er.

»Ohne Gott wäre die Welt vielleicht nicht so schön, der Baum nicht so grün und die Sonne nicht so hell ...«, meinte Katja.

Sie pflückte ein Blatt und hielt es gegen das Licht.

»Glaube lässt unserer Seele Flügel wachsen«, sagte der alte Mann bedächtig.

»Das kann schon sein«, meinte Ali. »Darüber muss ich nachdenken, so habe ich die Dinge noch nicht gesehen. Doch zurück zum Islam. Unsere Religion sagt uns ganz genau, was wir essen, was wir anziehen, was wir tun sollen und wie wir Kinder aufwachsen sollen. Deshalb ist sie ein wichtiger Teil unseres Lebens.«

»Wir dürfen auch nicht alles essen ...«, begann Simon.

»Ausgesuchte Kleider ... Ist das nicht lästig?«, unterbrach Katja ihn erstaunt. »Ich suche mir ganz gern meine Sachen selbst aus, da frage ich nie den lieben Gott.«

»Mhm.« Ali überlegte. »Du ziehst auch nicht Dinge an, die für dich total unmöglich sind.«
Katja fuhr stolz mit der Hand über ihre neue Jeans.
»Hm, cool sollen sie eben sein. Wenn euer Gott nicht Muslim heißt, wie nennt ihr ihn dann?«, fragte sie.
»**Allah**. Das Wort kommt aus der arabischen Sprache und heißt einfach ›der Gott‹. Und weil es keinen anderen als Allah gibt, ist das eine klare Sache.«
»Ja, aber«, warf Simon ein, »ich habe gedacht, ihr betet auch zu Moses, Jesus und …«
»Wir verehren Adam und Abraham, außerdem Moses und Jesus, weil Gott sie alle als seine Boten zu den Menschen geschickt hat. Die wollte er – wie auch der Gott der Juden und der Muslime – immer wieder daran erinnern, dass sie nett zueinander sein und sich gegenseitig helfen sollten, wenn der eine oder andere in Schwierigkeiten steckte.«
»Das klingt ja ganz bekannt«, fand Katja.
Ein Luftzug stahl sich durch den Baum. Er raufte das weiße Haar des alten Mannes und verwehte einen gelben Schmetterling.
»Das ist universal«, sagte der Alte nun. »Ich meine damit, es gilt für alle Menschen auf der ganzen Welt. Keine Religion wird von euch verlangen, dass ihr unfreundlich zueinander seid, geizig, schadenfroh oder grob.«
Er sah dem Schmetterling nach, der in einem Sonnenstrahl verschwand.
»Der Sinn des Miteinanderlebens kann ja nur darin bestehen, dass man Freude daran hat, weil man sich verträgt, nicht ständig herummeckert und die anderen mag.«
»So gut es geht«, fügte Sonam hinzu. Er sah den Alten streng an. »Immer geht's nämlich nicht. – Du schummelst!«, rief er Simon zu. »Du hinterlistiger Gauner!«
»Ich schummle nicht!« Simon war empört. »Ich schummle nie!«
»Fangt noch einmal von vorne an«, schlug der Weise vor.
»Über das Auskommen mit anderen, Hilfsbereitschaft und all das, haben uns die Propheten Schriften gelassen, damit wir darin nachlesen. Wir sind dankbar dafür und sagen ›Gott spreche Heil und Segen über ihn‹, wenn wir von so einem Boten sprechen.«
»Höflich ist das und respektvoll, wie es sich für wichtige Gesandte gehört«, fand Lhalita. »Aber welcher Bote ist eigentlich für euch der bedeutendste?«
Ali hob den Finger. »Am meisten verehren wir **Mohammed**. Ihm hat Gott den **Koran** mitgeteilt. Das ist die letzte und endgültige Offenbarung, die Gott an die Menschen richtet, dafür sei Gott Lob und Dank. Eine Offenbarung ist eine ganz wichtige Nachricht über etwas, wovon die Menschen vorher nichts gewusst haben. Der Koran ist für uns das Wort Gottes,

das immer Recht hat und nach dem wir leben sollen«, antwortete er.

»Warum redest du so umständlich, wenn du von deinem Glauben sprichst?«, fragte Katja.

Ali runzelte die Stirn. »Der Koran ist auf Arabisch geschrieben«, sagte er. »Das ist eine schöne alte Sprache, voll mit Bildern und wunderbaren Worten. Sie klingt wie Musik und schwingt wie ein Lied. Koran heißt auf Deutsch ›lautes Lesen‹. Und das ist auch so gemeint. Wenn wir daraus vortragen, ist es gut für unsere Seele und für den Körper. Daher lieben wir diese Offenbarung. Das kannst du doch verstehen, oder?«

Katja nickte abwesend. Sie stand vornübergebeugt und zielte blinzelnd auf das Loch in der Erde.

»Soll ich dich kitzeln?«, erkundigte sich Sonam ernst.

Hoch am Himmel sang eine Lerche. Auf der Wiese spielten zwei Jungen Fußball, man hörte sie lachen, als der Ball gegen eine Latte knallte.

»Das war kein Tor«, stellte Ali fest. »Nun gut. Ich beginne am Anfang, mit der Hilfe des Allmächtigen.« Er holte tief Luft.

»Mohammed wurde im Jahre 570 in Mekka geboren. Mekka gibt's noch heute, es liegt in Saudi-Arabien. Schon bevor Mohammed auf die Welt kam, starb sein Vater, er hat ihn nie kennen gelernt. Später dann, als der kleine Junge sechs Jahre alt war, starb auch Amina, seine Mutter. Mohammed war traurig, sie war die wunderbarste Mutter der Welt gewesen und fehlte ihm sehr. Doch es gab einen Großvater, der sich um ihn kümmerte und der ihn erzog. Er erzählte Mohammed Märchen, zeigte ihm die Stadt, lehrte ihn viele Dinge. Er war ein feiner Großvater, alt, weise und mit schönem Bart. Ich hab auch so einen Großvater.« Ali grinste. »Mohammed liebte seinen Opa, doch starb auch der nach zwei Jahren, und wieder war Mohammed traurig. Familien waren damals noch viel größer, als sie es heute sind, da gab es Tanten und Onkel, Cousins und Cousinen, und alle waren in Kontakt miteinander, weil sie ja oft in derselben Stadt, im selben Tal oder in derselben Oase wohnten.

Mohammed blieb nicht lange allein. Ein Onkel holte ihn zu sich und zog ihn gemeinsam mit den eigenen Kindern auf. Mohammed lebte bei seinen Verwandten, hütete Schafe und suchte nach den Ziegen, die sich in der Nacht verlaufen hatten. Die Leute mochten ihn gerne. Er war ein freundlicher Junge und immer hilfsbereit. ›Der Bursche ist reifer, als man meinen könnte‹, fanden Onkel und Tanten, ›und klug ist er, fast wie ein Erwachsener.‹

»Oje, das sagen meine Eltern von mir nicht«, meinte Simon mit gerunzelten Augenbrauen. Seine Kugel rollte eine Handbreit am Loch vorbei.

»Mist«, fügte er hinzu. Sonam johlte auf und Katja sprang lachend hoch.

Mohammed beim Predigen

Islam

»Mohammed wuchs heran. So viele Berufe wie heute gab es damals nicht, aber die Familie meinte: ›Aus dem Kind soll was Rechtes werden‹. Er wurde in die Lehre geschickt und zum Kaufmann ausgebildet. Und Mohammeds Onkel achtete darauf, dass sein Neffe nichts ausließ, was später nützlich sein konnte.

In **Mekka** trieben viele Leute Handel. Es war eine lebhafte Stadt, die an einer Kreuzung lag. Da führten Wege von fruchtbaren Gegenden in die trockene Wüste und andere von der Meeresebene in die Berge. Eine reiche Stadt war es auch, mit vielen Händlern. Endlose Karawanen zogen durch die Straßen, beladen mit Seiden, Gewürzen, Nahrungsmitteln und Baumaterialien. Es ging bunt und laut zu, jeder pries seine Ware, und jeder feilschte, was das Zeug hielt.

Mohammed war gelehrig und fleißig. Er konnte wahrscheinlich lesen und schreiben, und das war damals nicht jedermanns Sache. So machte er sich einen Namen und fand leicht Arbeit. Eine schöne, reiche Frau nahm ihn in ihre Dienste. Ich denke mir, dass **Chadidscha** besonders tüchtig gewesen sein muss, denn sie trieb Handel mit den erfolgreichsten Geschäftsleuten. Sie fand, dass Mohammed seine Sache gut machte.

›Ich werde dich zu meinem Sachwalter ernennen‹, sagte sie eines Tages. Das war eine Arbeit mit viel Verantwortung, nur für verlässliche Leute. Bald ging Mohammed auf lange Reisen. Es heißt, er kam bis Syrien, das war ein langer Weg. Doch trotz seiner vielen Aufgaben blieb er immer treu und ehrlich. Bis heute heißt er ›el Amin‹, ›der Treue‹. Es kam, wie es kommen musste ...«

»Chadidscha verliebte sich in Mohammed«, fiel Lhalita fröhlich ein.

»Was du nicht sagst. Und Mohammed freute sich, denn er hatte sie lieb gewonnen. Sie heirateten, als Mohammed 25 Jahre alt war, mit dem Segen des Allmächtigen, Barmherzigen ...«

»Fass dich kurz, mein Freund!«, meinte Simon.

»Warum sollte ich? Allah hat 100 Namen, von denen wir 99 kennen. Den 100. weiß nur er. Ich könnte ihn auch den Gnädigen, den Gütigen, den Weisen, den Beschützer, den Liebenden nennen und wäre noch lange nicht am Ende der Liste angelangt.«

»Nicht übel.« Simon wiegte den Kopf. »Das habt ihr uns voraus.«

»Papa sagt, Gott hat so viele Namen, damit wir immer wissen, dass er mehr ist als wir und dass wir ihn in seiner Vielfältigkeit nie endgültig beschreiben können.« Ali runzelte die Nase und dachte nach. »Mohammed also heiratete Chadidscha. Sie waren beide sehr glücklich miteinander, und Gott schenkte ihnen mehrere Kinder. Aber alle Söhne starben, bevor sie selbst eigene Söhne und Töchter bekommen konnten.

Damals waren die Leute abergläubisch. Sie verehrten viele Götter gleichzeitig, fast für jedes Problem war ein anderer zuständig. Mohammeds Freunde munkelten bald, die Götter würden es mit ihm nicht gut meinen. ›Vielleicht hat er etwas Schlimmes angestellt?‹, murmelten sie. Mohammed seinerseits ärgerte sich über seine Freunde und deren Glauben an die vielen Götter. Er war überzeugt, dass es nur einen Gott gab.

›Wenn ihr glaubt, dann glaubt an Allah‹, wiederholte er unermüdlich, doch viele wollten nicht hören, und das verdross ihn.

Überhaupt schien es Mohammed zusehends anstrengend, in der lärmenden, staubigen Stadt zu leben. ›Schlechte Luft‹, fand er, ›Krach und Radau. Zu viele Menschen hier. Ich muss allein sein, um mit mir ins Klare zu kommen.‹

Er ging vor die Stadttore und stieg auf einen Berg, der **Berg Hira** hieß. Von dort oben konnte er weit in die Wüste sehen, in eine einsame, karge Landschaft. Mohammed gefiel das gut. Er glaubte, Gott näher gekommen zu sein, seine Gegenwart spüren zu können. Er fand die Luft klarer, das Licht heller. Und er konnte auf der windigen Anhöhe besser nachdenken als in der stickigen Hitze Mekkas.

Auf dem Berg Hira gab es eine Höhle. Wenn Mohammed davor saß, störte ihn niemand, er durfte beten und denken, solange er wollte. Doch eines Nachts, als er schon schlief, erschien ihm ein Engel – es war der **Erzengel Gabriel**, den auch wir Muslime kennen. Diese Erscheinung war so hell und so mächtig, dass Mohammed glaubte, von ihr zu Boden gedrückt zu werden. Der Engel sagte: ›Sprich!‹, und gab ihm den Auftrag, von Gott zu sprechen.

Mohammed war entsetzt, so etwas war ihm noch nie geschehen. Der Engel erschien ihm immer wieder, einmal sagte er auch: ›Mohammed, du bist der Gesandte Gottes.‹

Das verwirrte Mohammed. Doch der Engel befahl ihm, die Menschen daran zu erinnern, dass sie großzügig zu den Armen und ehrlich im Umgang miteinander sein sollten.

Mohammed begann, den Menschen von seinen Offenbarungen zu erzählen, auch wenn er nicht recht wusste, wie er es anfangen sollte. Die Erscheinungen des Engels und seine Befehle lasteten auf ihm, er hatte das Predigen ja nicht gelernt. Erst schilderte er seinen nahen Verwandten die verwirrenden Mitteilungen Gabriels, die ihn so ergriffen hatten. Dann predigte er Freunden und Bekannten und wagte sich auch zu Menschen vor, die er gar nicht kannte. Oft waren es einfache, arme Leute, an die er sich wandte, doch bald wurde der Kreis seiner Zuhörer größer. Mohammed zog durch die Gassen der Stadt, hielt Reden, wenn Markt war, und mischte sich unter die Leute, wenn Feste gefeiert wurden. Er ermahnte die Menschen streng zur Ehrlichkeit und zum Glauben an einen einzigen, gütigen Gott. Außerdem wollte er, dass sie ehrlicher würden und einen Sinn für Gerechtigkeit entwickelten. Dann würden sie auch hilfsbereiter zu den Armen werden, dachte er.

So etwas musste die Reichen ärgern. Sie wollten nicht, dass sich etwas an dem damals bestehenden Weltbild änderte.

›Was redet denn der, als wüsste er alles besser‹, murrten sie, ›der sollte wirklich lieber den Mund halten.‹ Oft verhöhnten sie ihn. Und im Stillen hatten sie wohl auch Angst, er würde ihre berühmte Stadt in Verruf bringen. Schließlich verließ Mohammed im Jahr 622 – das ist das Jahr 1 unserer muslimischen Zeitzählung – Mekka und ging nach Medina.

Medina war die Nachbarstadt von Mekka, dort hatten schon viele Menschen von Mohammed gehört und mochten ihn.

›Der ist fair und gerecht‹, sagten sie und baten ihn, Streitigkeiten zu schlichten. Streit gab's damals oft, zwischen Stämmen und Städten, auch zwischen Medina und Mekka. Das führte dann zu Kämpfen, doch niemand gewann so richtig. Nach einer Weile zog Frieden ein. Und Mohammed wurde mit der Zeit von allen Menschen als religiöser Führer anerkannt. Chadidscha und einige Anhänger des Propheten merkten sich seine Sprüche und schrieben sie auf. So entstand der Koran – aus vielen Reden und Eingaben des Propheten. Die nennt man **Suren**. Es sind 114 solcher Abschnitte.«

Mohammed und der Engel Gabriel
auf dem Berg Hira

»Die müsst ihr alle wissen?«, fragte Simon interessiert. »Da habt ihr ja hübsch zu lernen.«

»Das stimmt. Aber diese Verse sind interessant, sie erzählen von vielen verschiedenen Dingen. Sie berichten von alten Völkern, von früheren Offenbarungen Gottes, von seinen Eigenschaften und der Schöpfung der Welt«, meinte Ali.

»So wie unsere Schöpfung?«, wollte Katja wissen. Ali nickte.

»Ja, es gibt viele Ähnlichkeiten. Überhaupt haben die Muslime Achtung vor der christlichen Bibel als Heiliger Schrift. Sie glauben, dass es Nachrichten Gottes sind – und Jesus ist für sie ja auch ein Prophet, wenngleich nicht Gottes Sohn. Bloß denken die Moslems, dass die Bibel zu oft verändert und dass vieles daran verfälscht wurde im Laufe ihrer langen Geschichte. Nur der Koran ist für sie das reine, unverfälschte Wort Gottes. Darin befinden sich außer den Berichten, von denen ich vorher sprach, Regeln darüber, wie wir uns zu benehmen haben und wie wir miteinander umgehen sollen. Immer spricht da Gott zu uns, ganz direkt. Mohammed war sozusagen sein ...«

»Lautsprecher«, fiel Lhalita triumphierend ein.

Der alte Mann fuhr sich über den Bart. »Bismillah, im Namen Gottes«, murmelte er.

»Woher weißt du das?«, fragte Ali bewundernd.

»Der Herr ist eben informiert«, meinte Lhalita höflich, »außerdem hat ja auch Katja ein Vaterunser, oder?«

»Wie Recht du hast. Mit ›Bismillah‹ beginnt die erste Sure des Korans, die ist für uns besonders wichtig. Wir loben Gott und bitten ihn darin um Hilfe, damit wir immer den rechten Weg finden im Leben«, fuhr Ali fort. »Aber die anderen Kapitel werden auch oft gelesen, manche können sie auswendig. Sie werden in den **Koranschulen** gelehrt, da gehen viele Kinder von Muslimen hin. Sie lernen die Suren auf Arabisch, damit der Text so echt wie nur möglich bleibt und ihn keine Übersetzung verfälscht.«

»Verständlich«, meinte Sonam, »wir haben auch unsere Schriften und Gebete ...«

»Dazu gibt's noch die **Hadith**, das ist der Bericht über das Leben Mohammeds und der ersten Moslems. Darüber sollen wir auch Bescheid wissen. Und was Gebete betrifft, da sind wir tüchtig«, nahm Ali den Faden wieder auf.

»Wir beten fünf Mal am Tag, das ist Pflicht. Das putzt uns ebenso oft den Schmutz von der Seele, hat der Prophet gemeint. Er hat auch gleich die Gebetszeiten bekannt gegeben: vor Sonnenaufgang, zur Mittagszeit, am Nachmittag, nach Sonnenuntergang und bevor die Nacht kommt. Bevor wir beten, waschen wir uns die Hände, den Mund, das Gesicht, die Arme und die Füße.«

Islam

»Ich habe gedacht, Muslime leben in der Wüste, dort gibt's doch kein Wasser«, meinte Lhalita verwirrt.
»Erstens gibt es fast überall auf der Welt Muslime. Und zweitens, wo kein Wasser ist, darf man Sand oder Staub verwenden«, erklärte Ali.
»Wow«, kam es bewundernd aus Simons Mund, »das finde ich cool.«
»Es geht ums Prinzip«, meinte Ali ernst. »Man reibt sich den Schmutz eben ab. Aber wir beten auch anders als ihr. Wir stehen gerade, dann verneigen wir uns, knien uns hin und berühren mit der Stirn den Boden. Zuletzt setzen wir uns.
Das Glaubensbekenntnis – wir nennen es **Schahada** – müssen alle auswendig wissen. Es beginnt mit den Worten: ›Es gibt keinen Gott außer dem einzigen Gott, und Mohammed ist der Gesandte Gottes ...‹ Vor unserem Gott sind alle Menschen gleich, jeder darf sich zum Islam bekennen, egal aus welchem Land er kommt, welche Hautfarbe er hat und welcher Religion er vorher angehörte.
Das Glaubensbekenntnis und das Gebet nennen wir ›die Pfeiler des Islam‹. Es ist unsere oberste Pflicht, sie zu befolgen. Aber das sind nicht die einzigen Pfeiler, es gibt noch drei weitere, die sind ebenso wichtig.
Die Gabe für die Armen zum Beispiel, wir nennen sie **Zakat**. Die Menschen sollen nicht immer nur an sich und ihre Reichtümer denken. Ein Muslim, der Gott dienen will, sorgt für die Armen und gibt einen Teil seines Geldes für sie und den Aufbau von Koranschulen her. Natürlich nur, wenn er es sich leisten kann und selber nicht bedürftig ist. Wer diese Armensteuer bezahlt, darf dafür selbst entscheiden, was mit seinem Geld geschieht und wem damit geholfen werden soll.
Das Fasten im Monat **Ramadan** ist wichtig. Ist ein Moslem erwachsen und gesund, isst, trinkt und raucht er in dieser Zeit von Tagesanbruch bis Sonnenuntergang nichts. Das gilt für alle Muslime, egal ob sie reich oder arm sind, denn jeder muss sich bemühen, nach den Regeln des Koran zu leben.
Da der Monat des Ramadan sich jedes Jahr um einige Tage verschiebt, kann er auch in den Sommer fallen, da ist es besonders mühsam, nichts zu trinken. Wer krank ist oder schwer arbeitet, wer eine Reise macht, darf das Fasten unterbrechen. Und nachts darf natürlich gegessen werden, bis in die frühen Morgenstunden. Das macht großen Spaß, die ganze Familie kommt zusammen, Neuigkeiten werden ausgetauscht und Geschichten erzählt.«
Ali grinste gedankenverloren. »Im Ramadan kocht meine Mutter ganz besonders gut«, fügte er hinzu, »und wir Kinder dürfen ja auch tagsüber von all den köstlichen Dingen kosten.«

Brunnen im Hof einer Moschee

Er rieb sich mit der Hand über den Bauch.

»Wenn du deine Murmel zwischen zwei Fingerspitzen hältst, kannst du viel besser zielen, als wenn sie in deiner Handfläche liegt«, sagte er zu Katja. »Soll ich es dir zeigen?«

Sie schüttelte den Kopf. »Danke, ich habe so mein System.«

»Wie du willst. Ein weiterer Pfeiler unseres Glaubens ist die Pilgerfahrt nach Mekka. Die sollte jeder Moslem ein Mal in seinem Leben gemacht haben. So einen **Hadsch** schaffen natürlich nicht alle. Er braucht viel Vorbereitung und Zeit.

Die meisten Menschen pilgern im letzten Monat des islamischen Kalenders, der heißt ja auch Pilgermonat. Die Reise kann mühevoll sein und lang. Das Ziel der Gläubigen ist die **Kaaba**, das ist ein riesengroßes, würfelförmiges Gebäude, in dem sich ein heiliger Stein befindet. Man sagt, er ist als Zeichen des Bundes zwischen Gott und den Menschen vom Himmel gefallen. Die Pilger berühren und küssen ihn.

Die Kaaba steht im Innenhof der großen Moschee in Mekka. Bevor die Menschen hingehen, baden sie, und die Männer schaffen sich weiße Pilgerkleider an, damit alle vor Gott gleich aussehen. Sieben Mal geht man um die Kaaba und betet dabei.«

Ali war etwas außer Atem geraten.

Sonam war an der Reihe mit dem Spiel. Er kniete nieder, maß die Strecke zum Loch in der Erde. »Ich habe gedacht, ihr betet in einer Moschee?«, fragte er geistesabwesend.

»Tun wir auch«, antwortete Ali. »Wir gehen dorthin, wenn wir gemeinsam beten wollen. Wir können natürlich auch anderswo beten. Dann nehmen wir einen kleinen Teppich oder unseren Mantel, breiten ihn auf den Boden und wenden uns Richtung Mekka. Es gibt sogar Teppiche mit einem eingewebten Kompass, damit man sie immer richtig auflegt. Doch die Moschee vereint uns, dort können wir uns treffen. Am Freitag zum großen Gebet zum Beispiel. Da leitet der Imam, das ist der Vorbeter, auf Arabisch die Gebete. Der **Muezzin**, der Gebetsrufer, hat uns vorher vom **Minarett** – dem Turm der Moschee – zum Beten aufgefordert. Er tut das fünf Mal am Tag, mit lauter Stimme.«

»Und ersetzt die Kirchenglocken?«, fragte Katja erstaunt.

»Wie die Kirchenglocken erinnert der Muezzin die Menschen an Gott und daran, dass es Zeit ist, sich ihm zu widmen«, stimmte der alte Mann zu. »Auch teilt er den Tag in morgens, mittags, abends und nachts, gibt ihm einen Rhythmus, mit passenden Gebeten.«

Sonam räumte ein Ästchen zur Seite und legte seine Murmel auf den Boden.

»Mach mir keine Schande!« – »Wie sieht eine Moschee denn innen aus?«, wollte er wissen.

»Es gibt große und kleine Moscheen. Alle haben einen Brunnen im Vorhof, zum Waschen

Kaaba in Mekka

Innenraum einer Moschee mit Vorbeter

der Hände, der Füße und des Gesichts. Die Gläubigen ziehen ihre Schuhe aus, bevor sie in die Moschee treten. Der Innenraum ist leer, auf dem Boden liegen Teppiche oder Matten. Das wirkt ein bisschen karg, dafür ist die Kanzel des Vorbeters besonders schön geschmückt.«

»Mit Figuren?«, erkundigte sich Lhalita.

»Nein. Und das hat einen ganz besonderen Grund. Wie ich euch schon vorher erzählte, haben die Menschen zur Zeit von Mohammed zu Bildern von vielen verschiedenen Gottheiten gebetet. Der Islam lehnte das ab und wollte verhindern, dass diese Bräuche später wieder aufgenommen würden. Also verbot er die bildliche Darstellung von Gott und – wenn man es genau nimmt – eigentlich jedes Bild eines Menschen oder Tieres. Da die Menschen aber Verzierungen und Schmuck immer schon gerne gehabt haben, entwickelten sie eine wunderschöne Schrift, mit der sie Bücher, Vasen, Teppiche und auch Wände schmücken, denn das war ja nicht verboten. Also sind unsere Gebetsnischen mit dieser Schönschrift verziert. Sie heißt übrigens **Kalligraphie**.«

»Schönschrift.« Sonam schüttelte sich. »Nichts für mich. Aber – feiert ihr in der Moschee auch eure Feste?« Seine Murmel war neben dem Loch gelandet. Er knurrte.

»Jetzt musst du bald auf einem Bein springen«, lachte Katja, »du kannst schon anfangen zu üben!«

»Nein, nicht nur in den Moscheen feiern wir. Du feierst ja auch Weihnachten und Geburtstag zu Hause.« Ali legte den Finger an die Nase und überlegte.

»Eines meiner Lieblingsfeste feiern wir am Ende des Ramadan, zur Feier, dass wir unser Fasten brechen. Da putzen wir unser Haus und kochen ein gutes Essen. Dann ziehen wir uns schön an und gehen gemeinsam in die Moschee beten. Zu Hause gibt es ein Festessen. Wir bekommen Süßigkeiten geschenkt und hübsche Sachen. Wir besuchen einander und haben es sehr gemütlich. Ein bisschen ist es also wie Weihnachten, nur fällt das Fest jedes Jahr in einen anderen Monat.

Dann gibt es noch den Geburtstag unseres Propheten, aber der ist nicht so wichtig, und außerdem feiern wir das **Opferfest**. Das erinnert uns an Ibrahim ...«

»... den wir Abraham nennen«, unterbrach Simon seinen Freund streng.

»Er bleibt aber derselbe.« Ali ließ sich nicht verwirren. »Ibrahim also war bereit, seinen Sohn in Liebe und Ehrfurcht Gott zu opfern. Nach unserem Glauben sollte er jedoch nicht Isaak, sondern seinen anderen Sohn, Ismail, opfern. Aber sein Sohn war es ja trotzdem, das Ganze ist eine aufregende und erschütternde Geschichte. Als es so richtig spannend wurde und Ibrahim schon das Messer in der Hand hatte, erlaubte ihm Gott, nicht seinen Sohn, sondern einen Widder zu töten. Das war ein großes Glück, und deswegen feiern wir das Opferfest. Es dauert vier Tage, und einmal in dieser Zeit schlachten wir ein Tier. Oft ist es ein Schaf, manchmal auch ein Rind. Nur ein Schwein darf es nicht sein.«

»Das mögt ihr auch nicht? Kann ich verstehen.« Simon grinste.

»Vater sagt, Schweinefleisch hat früher als unrein gegolten, weil es sich im heißen Klima zersetzte und Bakterien entstanden, die dem Menschen sehr gefährlich sein konnten. Die Israeliten haben ja die gleichen Regeln. Doch zurück zum Opfertier.

Wir teilen es zwischen den Nachbarn, den Armen und uns auf und kochen ein großes Festessen. Das mit dem Schlachten macht manchmal Schwierigkeiten, und viele Leute, die nicht Moslems sind, verstehen uns nicht. Aber ein schönes Fest ist es trotzdem, und wir beleuchten die Moscheen, gehen einander besuchen und genießen die Zeit zusammen.«

»Und zu euren Geburtstagen?«, wollte Lhalita wissen. »Bekommt ihr da Geschenke?«

»Nicht immer und nicht überall, glaube ich. Als mein kleiner Bruder auf die Welt gekommen ist, hat es ein großes Fest gegeben. Mein Vater hat ihm den **Gebetsruf** in sein rechtes Ohr gesagt, ganz leise, und das **Glaubensbekenntnis** in das linke. Das finde ich einen netten Brauch. Mein Bruder war ganz still und hat gut zugehört.« Ali lachte.

»Als Mehmed eine Woche alt war, bekam er einen Namen, das war schön. Wenn er älter ist, werden wir ihn beschneiden lassen. Da wird die Vorhaut seines Gliedes abgeschnitten, wie bei den Juden.« Simon nickte zustimmend. »Das ist auch ein großes Fest, und Mehmed wird wieder Geschenke bekommen. Zuerst feiert er mit den Frauen, dann darf er mit den Männern spazieren gehen. Er ist in diesen zwei Tagen der Mittelpunkt der Familie und wird sehr verwöhnt, beneidenswert.« Ali seufzte.

»Und die Mädchen, werden die nie verwöhnt?« Katja probte das Springen auf einem Bein. Der alte Mann lächelte.

»Die Mädchen müssen nicht beschnitten werden, das weiß doch jeder«, sagte Ali. »Aber auch sie haben manchen Vorschriften zu folgen, die man hier nicht so gut versteht. Zum Beispiel sollen sie ein Kopftuch tragen und den Körper gut verhüllen, weil Mohammed wollte, dass Frauen züchtig aussehen. Hier gibt's dann oft Krach mit den Eltern, denn wer will schon gerne so anders aussehen als alle anderen Kinder in der Schule? Überhaupt wachsen unsere Mädchen beschützter auf, und ihre Eltern achten sehr genau darauf, mit wem sie sich treffen und wo sie hingehen. Sie dürfen nicht in den Ruf kommen, unordentlich oder leichtsinnig zu sein, um ihrer Familie keine Schande zu machen.«

»Das klingt mühsam«, meinte Sonam. Er versetzte seiner Murmel einen kleinen Stoß.

»Mühsam?«, fuhr Katja auf. »Das ist die reinste Unterdrückung!«

»Es sind Traditionen, die sicher auch ihr Gutes hatten, um junge Mädchen zu schützen und ihnen Respekt zu verschaffen«, sagte der alte Mann. »Frauen waren zu Mohammeds Zeiten den Männern nicht gleichgestellt, das darf man nicht vergessen.«

»Und wenn's nach mir ginge ...«, murmelte Ali feixend. Er bekam einen Stoß von Katja und sank laut aufstöhnend in sich zusammen.

»Wenn du dich wieder erholt hast, dann sag doch mal, wie viele Moslems es gibt«, schlug Simon vor.

Er malte eine Spur in den Sand, die seiner Murmel den Weg in das Loch erleichtern sollte.

»Das gilt nicht!«, rief Katja und wischte mit dem Fuß darüber.

»Vater meint, es gibt mehr als 800 Millionen Muslime. Wir haben nach den Christen den am meisten verbreiteten Glauben«, sagte Ali. Er wiegte den Kopf. »Moslems gibt es fast überall auf der Welt, in Afrika und in Indien genauso wie in Europa. Gar nicht übel, was?«

»Uns gibt's aber in Indien auch!«, rief Lhalita aus.

»Das scheint das Stichwort zu sein«, sagte der alte Mann. Er lehnte sich zurück und kreuzte die Arme über der Brust. »Ich glaube, jetzt bist du an der Reihe. Respekt«, er verneigte sich leicht vor Ali, »euer Lehrer kann stolz auf euch sein. Auch dein Wissen ist beeindruckend.«

Ali errötete. »Ach, Kleinigkeit«, murmelte er und fügte lächelnd hinzu: »Bismillah ...«

Eine Eidechse huschte über die Sandkiste, und irgendwo lachte ein Kind. Der Nachmittag machte es sich bequem und ruhte in der warmen Luft.

Mädchen mit Kopftuch

Moschee mit Minarett

Hinduismus

»Hm, wie sag ich's meinen Kindern?« Lhalita stand auf, stemmte die Hände in die Hüften und biss sich verschmitzt auf die Unterlippe.

»Also, ganz dumm sind wir ja nicht!« Simon gab seiner Murmel einen Stoß. Sie rollte nur zögernd und blieb vor dem Loch im Staub liegen.

»He, das kommt vom Tricksen!«, triumphierte Katja.

Lhalita ging grübelnd auf und ab, die Sonne erfasste ihr dunkles Haar, ließ den langen Zopf und die goldenen Ohrringe glänzen.

»Meine Eltern kommen aus Indien«, begann sie nach einer Weile zögernd. »Das ist ein riesengroßes, wunderschönes Land, dort wohnen viele Millionen Menschen. Die meisten sind Hindus, so wie ich. Hindu ist ein altes Wort und heißt ›Inder‹.«

»Na, das passt ja«, sagte Sonam. Er blickte verdrossen auf seine Murmel.

»Es erinnert aber auch an den Indus, einen großen Fluss, der durch weite Teile unseres Landes fließt«, fuhr Lhalita fort.

»Passt auch«, brummte Simon. Verstohlen schob er seine Kugel vorwärts, und energisch beförderte Katja sie an ihren Platz zurück.

»Der **Hinduismus** ist eine der größten Religionsgemeinschaften der Welt«, half der Alte weiter.

»Ja, weil fast alle Inder ihr angehören und es so viele von uns gibt«, unterbrach Lhalita ihn. »Papa sagt, nur das Christentum und der Islam haben mehr Anhänger als der Hinduismus.« Sie machte eine Pirouette und betrachtete zufrieden den runden Abdruck ihrer Schuhe im Sand. »Außerdem ist der Hinduismus eine uralte Religion.«

»Doch nicht älter als das Christentum?«, warf Katja ein und fing wieder zu schaukeln an. Der Alte wiegte zweifelnd den Kopf.

»Der Hinduismus ist sogar viel älter als das Christentum«, lachte Lhalita. »Die Religion gibt's seit 4000 Jahren. Sie ist, wenn man vom Glauben sprechen will, schon eine Urgroßmutter! Eine jung gebliebene Urgroßmutter jedoch. Die Religion hat sich immer weiter entwickelt, weil ihr so viele Menschen aus verschiedenen Ländern und Kulturen angehören. Heute besteht sie aus vielen verschiedenen Glaubensvorstellungen.

Wir Hindus kennen keinen Propheten. So haben wir kein Glaubensbekenntnis, das für alle Hindus gilt, wie die Christen oder Muslime es haben.«

»Dann habt ihr vielleicht gar keinen Gott?«, fragte Katja besorgt.

»Wir haben's gut, wir haben viele Götter! Die Menschen wenden sich mit ihren Sorgen und ihren Bitten an jeden einzeln und beten so, wie sie es gut finden. Eigentlich sind sie freier als ihr.«

»Wie soll das gehen?«, fragte Simon verwirrt. »Das schafft doch Unordnung.«

»Eigentlich nicht. Wir haben einige Vorstellungen, an die wir uns halten. Sie gelten für alle und schaffen eben Ordnung.« Lhalita lächelte. »Ordnung ist uns heilig, wir nennen sie **Dharma**. Mama übersetzt das mit ›Gesetz‹. Es ist ein ewiges Gesetz und wird immer gelten. Dieses heilige Gesetz sagt uns alle Regeln, die die Menschen befolgen müssen, damit sie in ihrem Leben glücklich werden.«

»Aber ich verstehe das nicht. Ihr verehrt viele Götter?« Ali runzelte die Stirn. »Das geht doch nicht!«

»Wieso nicht? Wir glauben an mehrere Götter, doch nicht alle sind gleich wichtig. Die bedeutendsten sind **Brahma**, **Vishnu** und **Shiva**. Manche Menschen meinen, dass hinter den dreien in Wirklichkeit ein einziger Gott steht, der allmächtig ist, alles kann und alles in der Hand hat. Man nennt ihn ›das Absolute‹.«

»Uff, das ist nicht leicht zu verstehen«, sagte Katja. »Erinnert mich an unsere Dreifaltigkeit, obwohl Gott, Jesus und der Heilige Geist nicht jeder eine solche Rolle haben.«

Lhalita überlegte. »Man bezeichnet sie auch als **Indische Dreifaltigkeit**«, meinte sie.

Katja schwieg nachdenklich, dann fiel ihr etwas ein. »Habt ihr nicht so eine Einteilung der Menschen in verschiedene Stufen oder Klassen, als wären es Schrankfächer? Der Religionslehrer hat einmal so etwas erwähnt ...«

Der Alte sah einer Spinne zu, die wendig an einem silbrigen Faden hinabkletterte.

»Geduld«, bat er, »Hinduismus ist schwer zu erklären. Also eines nach dem anderen.«

»Darf ich meine Murmel abschießen?«, fragte Sonam ungeduldig.

Katja nickte. Sie schaukelte höher. »Pass auf, ich habe die Augen eines Adlers«, warnte sie kichernd, »also keine Tricks!«

»Ich werde euch die Götter später erklären«, beschloss Lhalita. »Die Sache mit den Menschen in den Schrankfächern ist wichtig und hat ihren Grund. Unser heiliges Gesetz, das Dharma, bestimmt, dass jeder Hindu in eine bestimmte **Kaste** geboren wird. Es ist die Kaste seiner Eltern und seiner anderen Vorfahren. Er gehört ihr sein ganzes Leben lang an. Überhaupt wird man Hindu durch Geburt in eine Kaste. Ich werde sie der Reihe nach beschreiben, damit ihr sie versteht.«

»Menschen kann man doch nicht in einen Kasten sperren«, entfuhr es Simon.

»Tun die Hindus ja auch nicht«, sagte Lhalita begütigend. »Die Hindus sind in Gruppen eingeteilt, jede Gruppe entspricht einer Kaste. So heißt das, nicht ein Kasten.

Die oberste Kaste also ist die der Brahmanen, man sagt auch ›Kaste der Priester‹ zu ihr.

Hinduismus

Die Brahmanen müssen viel lernen und studieren. Sie müssen klug werden, denn sie sollen die anderen Menschen belehren und sie führen.

Danach kommt die Kaste der Kshatriyas, man sagt, es ist jene der Krieger. Von ihnen wird Mut erwartet, sie sind dazu da, andere Menschen zu beschützen.

Die dritte Kaste ist die der Händler und Bauern. Die sollen umsichtig und ehrlich sein, denn sie kümmern sich um Geschäfte und Landwirtschaft. Sie heißen Vaishyas.

Die vierte Kaste, jene der Shudras, bedient die anderen drei.

Diese vier Gruppen sind die wichtigsten Kasten, in Wirklichkeit gibt es noch tausende Unterkasten. Mit denen kenne ich mich nicht aus, es sind einfach zu viele. Dank der Kasten hat jeder Mensch einen ganz bestimmten Platz im Leben.

Heilige Tiere

Hinduistischer Tempel

Hinduismus

Unsere religiösen Lehrer predigen uns, dass wir, egal aus welcher Kaste wir kommen, unser Leben hindurch das Göttliche suchen mögen, denn jeder von uns trägt es in sich.«

»Die Einteilung in Kasten klingt aber nicht fair. Ich würde nicht gerne der vierten Kaste angehören«, murrte Ali.

»Deswegen«, antwortete Lhalita, »hat man in Indien die Kasten vor einiger Zeit mit Gesetzen verboten. Alle Menschen sollen gleich sein und nicht an strenge Bräuche und Gewohnheiten gebunden werden, in denen sie ihr ganzes Leben gefangen bleiben müssen. Bevor es diese neuen Gesetze gab, konnte niemand aus seiner Kaste heraus und schon gar nicht in eine andere Kaste einheiraten. Strenggläubige Hindus halten sich aber noch immer an diese Regeln, sie folgen den Gesetzen, die der Staat beschlossen hat, einfach nicht.«

»Engstirnig«, stellte Simon fest.

»Diese alten Bestimmungen haben für viel Unglück gesorgt«, fügte Lhalita hinzu. »Am härtesten war es für jene, die man ›die Unberührbaren‹ nannte. Sie gehörten zu keiner Kaste und wurden deswegen von allen verachtet. Man sah auf sie herab …«

»Und wollte sie deshalb nicht berühren?« Katja schüttelte entrüstet den Kopf.

»So war es. Und so ist es sicher noch in manchen entlegenen Gegenden des Landes. Sehr hart, finde ich.« Lhalita nickte.

»Die Unberührbaren waren dazu verdammt, alle Berufe zu ergreifen, die sonst niemand ausüben wollte. Sie putzten die Häuser und entsorgten den Müll auf den Straßen. Kein schönes Leben. Man machte es sich einfach und sagte, diese Menschen seien schmutzig, also unrein. Es war ein Grund mehr, sie nicht zu berühren. Und wer ihnen doch zu nahe kam, der musste sich waschen, sonst grausten sich alle anderen vor ihm.«

»Das ist ungerecht!«, meinte Ali. »Also, ich ließe mir das nicht gefallen.«

»Obwohl du wirklich schmutzige Zehen hast.« Lachend deutete Lhalita auf Alis Füße, die in staubigen Sandalen steckten. Dann wurde sie ernst. »Die Unberührbaren haben sich selbst ›Dalit‹ genannt, das heißt ›die Unterdrückten‹, denn auch sie fanden es unfair, so behandelt zu werden, und sie wollten die Menschen darauf aufmerksam machen. Doch Papa sagt, es dauert lange, bis sich alte Bräuche ändern.«

»Aber sie werden sich ändern müssen, sonst komme ich nachhelfen«, beschloss Ali.

»Schon bevor du geboren wurdest, hat es einen Mann gegeben, der sich mit diesen Zuständen beschäftigt hat«, meinte der Alte. »Es war **Mahatma Gandhi**, ein Inder. Er wollte nicht nur sein Volk von jeder Unterdrückung befreien, sondern ganz besonders den Unberührbaren helfen, die auch Parias heißen. Er nannte sie Kinder Gottes und versuchte, ohne Gewalt und mit viel Liebe, ihnen einen Platz unter den Mitmenschen zu schaffen. Doch vielleicht sollten wir Lhalita noch weiter zuhören.«

Der Alte zog ein Päckchen Bonbons aus der Tasche und ließ es im Kreis gehen.

»Ich darf ja sonst von Fremden nichts annehmen, aber da du sozusagen mein Nachbar bist, will ich eine Ausnahme machen«, meinte Simon großzügig.

Der Baum stand reglos, Stille senkte sich über die kleine Gruppe, nur leises Papierrascheln war zu hören.

»Mhm, Zitrone, mein Lieblingsgeschmack«, stellte Sonam fest.

»Und Himbeeren hab ich besonders gern«, sagte Katja. Der Alte lächelte zufrieden.

»Danke«, fügte Lhalita hinzu. »Mein Hals war vom vielen Erzählen schon ganz trocken.«

Sie grinste. »Da fällt mir ein altes indisches Wort ein: **Karma**. Es ist ein sehr wichtiges Wort. Denn die Taten des Menschen bestimmen darüber, wie sein Leben verläuft. Er wird ein glückliches Leben führen, wenn er gute Taten setzt, und unglücklich sein, wenn er ...«

» ... ein Ekel ist«, vollendete Simon den Satz. Er lutschte an seinem Bonbon.

»Dein Leben scheint mir ganz okay zu sein«, wendete er sich an den Alten.

»Ich kann nicht klagen«, murmelte der versonnen.

»So weit, so gut«, fuhr Lhalita fort. »Doch nun müsst ihr aufpassen, es wird komplizierter. Wir Hindus glauben nämlich an die **Wiedergeburt**.«

Ihre Freunde machten verständnislose Gesichter.

»Das heißt nichts anderes, als dass wir überzeugt davon sind, dass wir mehr als nur ein Mal leben, also immer wieder geboren werden.«

»Recycling«, meinte Ali, »so wie Glasflaschen und Papier? Sehr sparsam im Paradies.« Er nickte verständnisvoll.

»Sei nicht respektlos!« Lhalita hob den Finger. »Die Wiedergeburt hat mit unseren Taten zu tun. Waren wir ordentliche Menschen, kann es sein, dass wir in eine bessere Kaste geboren werden. Waren wir Bösewichte, kommt unsere Seele vielleicht in einem Gauner auf die Welt, in einem Wurm oder einem Hund.«

»Ich wäre gerne ein Hund«, sagte Katja verträumt, »bei meiner Omi. Der bekommt mehr Schokolade als ich.« Sie seufzte.

»In Indien ist das anders, du Schlaumeier«, widersprach Lhalita. »Dort gibt es viele Leute, die selbst nicht genug zum Essen haben. Glaubst du, die füttern Hunde?

Die Menschen in Indien überlegen also genau, ob und wie sie sich ein besseres nächstes Leben verdienen können, denn der Gedanke, immer wieder aufs Neue zur Welt zu kommen, bedrückt sie. Sie finden das ziemlich mühselig. So versuchen sie, ihre Pflichten möglichst genau zu erfüllen und so zu leben, wie ihre Kaste es ihnen vorschreibt. Wenn ihnen das gelingt, hoffen sie, dass ihre Seele diesem langwierigen Kreislauf – dem Rad der Wiedergeburten – einmal entkommt.«

»Man muss also jeden Tag ein bisschen gütiger und besser werden?«, fragte Katja.

»Man kann es zumindest probieren, es schadet ja nie«, meinte der Alte. Er biss krachend auf sein Bonbon.

»Die Menschen hoffen, die höchste Stufe des Menschseins zu erreichen, um dann mit Gott eins zu werden, in ihm aufzugehen«, ergänzte Lhalita.

»So wie die Schokolade im Grießpudding?«, wollte Ali wissen.

Lhalita nickte. »Man gehört dann zu ihm und er ist überall dabei. Aber das geht auch anders. Viele Menschen versuchen es mit Konzentration und nicht zuletzt mit **Yoga**.«

»Das übt meine Mutter auch, und die ist Israelitin!«, entfuhr es Simon verblüfft.

»Yoga heißt ›Vereinigung mit Gott‹. Um das zu erreichen, gibt es viele verschiedene Übungen, die die dazu notwendige Konzentration fördern. Die Menschen lernen verschiedene Körperhaltungen, tiefes Atmen und halten strenge Fastenregeln ein. Außerdem müssen sie ehrlich und zurückhaltend sein, also Wutausbrüche sind da nicht drin. Dann gibt es noch eigene Worte, die **Mantras**. Spricht man sie, befreit man sich von allem, was bedrückend oder übel ist.«

»Du meinst Zauberworte?«, fragte Ali.

Yogaposition

Mantra: Symbol für »Om«

Hanuman, Sita und Rama

»Nein, es sind gute Worte. Sie sollen helfen, aber zaubern können sie nicht«, war Lhalita überzeugt. »Die Menschen im Westen haben schon vor längerer Zeit bemerkt, dass Yogaübungen gesund für ihren Körper und für ihre Seele sind. Sie fördern die Gelenkigkeit und sorgen für ausgeglichene Laune und kluge Gedanken.

Den dritten Weg geht man, wenn man die Götter verehrt, also viel und andächtig betet. Man widmet sich ihnen in Gedanken und Taten. So kommt die Seele den Göttern näher. Wir nennen das die Gottesliebe, auf Indisch ›Bhakti‹.«

»Man sagt, als Mohammed Gott im Himmel besuchte, wollte der auch, dass wir öfter beten. Fünfzig Mal am Tag. Doch Mohammed redete ihm das aus. Er fand, das sei zu viel verlangt, denn das Gebet sei eine schwere Last für ein schwaches Volk …«, überlegte Ali vor sich hin. »Sie sprachen hin und her, und Gott erließ ihnen die Gebete, bis auf fünf. Verhandeln muss man können …« Er seufzte.

Doch Lhalita fuhr unbeirrt fort: »Die Menschen, die den Weg der Gottesliebe gehen, tun dies ja gerne, für die ist das Beten keine Mühe.

Der vierte Weg ist der Weg der geistigen Erkenntnis. Das klingt schwierig. Doch die **Gurus**, die religiösen Lehrer, helfen uns, wenn wir ihn beschreiben wollen. Er heißt **Dschinana**. Die Gurus lehren das Lesen der heiligen Schriften, sie erklären alles, was unverständlich scheint, zum Beispiel, dass die Seele Atman und der Geist Brahman heißen, wie menschliche Seele und göttlicher Geist funktionieren, und wie man es anstellt, dass sie sich treffen. Die Gurus lehren uns auch, dass die Seelen der Menschen ein winziger Teil eines ganzen, riesigen Universums sind.«

»Verwirrend«, fand Ali.

Sonam meinte: »Nein, das ist ein schöner Gedanke, der lässt Platz für die Seele, und sie kann auf Reisen gehen.«

»So ungefähr ist das auch zu verstehen«, erklärte Lhalita weiter. »Dschinana verlangt, dass der Mensch sich nicht damit beschäftigt, wie es ihm und seinem Körper geht.«

»Und wenn man Kopfweh bekommt oder Magendrücken?«, wollte Simon wissen.

»Dann hat man zu viel Eis gegessen«, behauptete Ali.

»Dann weiß man, dass einem diese Zustände egal sein können, weil sie sich im Körper abspielen. Der ist nur eine Hülle, so wie Jeans oder ein T-Shirt. In Wirklichkeit ist das einzig Wichtige sein Inhalt, die Seele.«

»Also mich stört Magendrücken trotzdem«, sagte Simon. »Und das mit der Seele und der Hülle, das kommt mir überschlau vor.«

Nachdenklich malte er mit der Schuhspitze ein Muster in den Sand.
»Wie stehen wir?«, fragte er Katja.
»Sonam hat noch nicht gewonnen«, antwortete sie, »und du bist auch nicht gerade ein Champion.« Sie sprang vom Schaukelbrett, legte ihre Glasperle auf den Boden und gab ihr einen kurzen Stoß. Die Kugel landete geradewegs im Loch.
»Wenn das mit guten Dingen zugeht«, murmelte Simon verdrossen.
»Muss man sich in eurer Religion einen bestimmten Weg aussuchen und den auch weitergehen?«, wollte Katja wissen.
Sie half einem kleinen Jungen auf die Schaukel und stubste ihn vorsichtig an. Er gurgelte fröhlich und strampelte mit den Beinen.
»Nein, du kannst die verschiedenen Möglichkeiten miteinander kombinieren und ein bisschen von jeder nehmen. Das Wichtigste ist, dass du an dir arbeitest und immer besser wirst. Unsere Religion ist da gar nicht streng, und du kannst dir selbst aussuchen, wie du es am klügsten machst.«
Lhalita nickte zufrieden und richtete die Spange an ihrem Zopf.
»Habt ihr eigentlich eine Bibel?«, erkundigte sich nun Katja.
»Oder einen Koran?«, ergänzte Ali.
»Torarollen?«, fragte Simon. »Den Talmud?«
Lhalita dachte nach.
»Höher!«, rief der kleine Junge auf der Schaukel.
»Wir haben viele heilige Bücher«, antwortete Lhalita, »und ich könnte sie gar nicht lesen, denn sie sind in **Sanskrit** geschrieben.«
»Was ist Sanskrit? Immer diese Fremdwörter«, murrte Simon.
Er warf eine Murmel in die Luft und fing sie wieder auf. Lhalita sah den Alten Hilfe suchend an.
»Ach, das ist ganz einfach. Sanskrit gibt es seit vielen tausend Jahren, es ist die Sprache der alten indischen Gelehrten«, erklärte der.
»Die heiligen Bücher sind uralt«, fiel Lhalita wieder ein. »Sie erzählen Geschichten aus dem Leben unserer Götter.
Da gibt es ein ganz besonderes, das heißt **Veda**. Papa sagt, das bedeutet ›das Wissen‹, seine Texte wurden vor über 3000 Jahren niedergeschrieben. Es handelt vor allem von Vorschriften für Opfer, von gesammelten Liedern, Weisheiten und Gebeten.
Für uns Hindus sind diese Texte wichtig.

Ganescha

Hinduismus

Wir Kinder finden das ›**Ramayana**‹ am besten. Es erzählt vom Leben Ramas, einer Menschwerdung des Gottes **Vishnu**. Eine Menschwerdung ist, wenn ein Gott meint, er muss auf der Welt nach dem Rechten sehen. Er schlüpft in die Gestalt eines Menschen, um unerkannt zu bleiben und ungestört seiner Arbeit nachgehen zu können. Das Ramayana hat viele tausend Verse. Sie beschreiben die Geburt und die Kindheit Ramas, erzählen, welche Abenteuer er erlebt hat, wie es ihm ergangen ist. Er war ein großer Kämpfer gegen das Böse auf der Welt. Seine Frau Sita war wunderschön, und er liebte sie über alles. Als der Dämon Ravana sie entführte, gelang es Rama nur mit der Hilfe des Affengottes Hanuman und seiner tollen Affenarme, den Dämon zu besiegen und Sita zu befreien. Das alles ist so aufregend, dass in Indien sogar Filme darüber gedreht werden.

Dann gibt es noch das **Mahabharata**, auch das ist eine lange Versdichtung. Die erzählt von großen Heldentaten, von Kämpfen und von mutigen Göttern. Da kann man die Geschichte von **Krishna** lesen, der ebenfalls eine Menschwerdung des Gottes Vishnu war. Als Krishna auf die Welt kommen sollte, wollte ein Dämon ihn töten. Doch sein Vater brachte ihn zu einer Pflegemutter, dort wuchs er wohlbehalten auf. Er war ein Lausejunge und leistete sich manchen Streich. Später verliebte er sich, und zuletzt besiegte er den Dämon. Es ist eine lange Geschichte, angeblich die längste Dichtung der Welt.

Doch beide Gedichte wollen nicht so sehr von Krieg und Kämpfen erzählen als lieber erklären, was gut und was böse ist im Leben und was die Aufgaben der Menschen sind.

Am bekanntesten ist die **Baghavad-Gita**, dieses Buch gehört zu dem Mahabharata. Man nennt sie den ›Gesang der Erhabenen‹. Da geht's um Arjuna, der sich mit dem Fahrer seines Streitwagens, Krishna, bespricht, während beide sich auf eine große Schlacht vorbereiten. Krishna ist in Wirklichkeit der Gott Vishnu, wie ich vorher schon sagte. Er ist auf die Erde gekommen, um den Mitmenschen den Weg der Gottesliebe beizubringen.«

»Das erinnert mich an Jesus«, meinte Katja.

»Vielleicht. Doch wir haben ja mehrere Götter, eigentlich eine große Menge. Am meisten verehren wir Shiva und Vishnu. Vishnu soll für die Erhaltung der Welt sorgen. Immer wenn Probleme entstehen, erscheint er als Tier oder als Mensch und vertreibt das Böse. Es gibt mehrere solche Helden, ich glaube zehn, einer davon ist sogar eine Schildkröte, und so was Ähnliches wie einen Löwen, der eigentlich zugleich ein Mann ist, gibt es auch. Darüber kann man in den Veden lesen.

Shiva, der zweite Gott, herrscht über die zerstörenden und die schöpferischen Kräfte im Universum.«

»Hm, klingt nach Sciencefictionfilm«, meinte Simon kopfschüttelnd.

Lhalita lachte. »Ich weiß, dass es schwer vorstellbar ist. Besonders, wenn man hört, dass Shiva oft als Tänzer dargestellt wird, dessen Zaubertanz die Welt erschafft und auch wieder kaputtmacht. Neben Vishnu und Shiva gibt es noch **Brahma**. Von dem sagt man, er sei der oberste Baumeister der Welt.«

»So wie unser Gott?«, wollte Katja wissen.

Lhalita überlegte. »Nicht ganz so, denn euer Gott hat die Welt erst erschaffen, bevor er darin gewirkt hat. Brahma hingegen nimmt das, was es schon gibt, und ordnet die Teile nach seinen strengen Regeln. So baut er die Welt auf.«

»Das täte ich gerne«, sagte Ali. Dann schwieg er.

Lhalita grinste. »Wer weiß, was dabei herauskäme«, sagte sie. »So richtig göttlich bist du ja doch nicht … Aber da fällt mir noch eine gute Geschichte ein, die handelt von unserem Gott **Ganesha**. Er war der älteste Sohn des Gottes Shiva.

Shiva ging auf eine weite Reise. Er blieb sehr lange weg, und als er nach Hause kam, erkannte er seinen eigenen Sohn nicht mehr. Er glaubte, dass Ganesha, dem er vor seinem Haus begegnete, ein Fremder sei, der Übles wollte. Also schlug er ihm den Kopf ab. Als man ihm sagte, dass er damit seinen eigenen Sohn umgebracht hatte, tat ihm das natürlich furchtbar Leid und er wollte unbedingt alles wieder in Ordnung bringen. Da ging gerade ein Elefant vorbei, Shiva nahm sein Schwert und diesmal schlug er diesem großen Tier den Kopf ab. Den setzte er seinem Sohn auf, und hatte von da an einen Elefantenkopf. Weil Elefanten ehrenwerte, weise und kluge Tiere sind, ist Ganesha seither der Gott, der Hindernisse aus dem Weg schaffen kann. Obendrein ist er der Gott des Lernens und vor allem der Gott der Weisheit.«

»Der streitet wohl nicht, nicht einmal um Murmeln«, überlegte Katja laut. »Das war eine spannende Geschichte. Aber du hast von euren Festen noch nicht erzählt, und die Tempel in denen ihr betet, hast du auch nicht erwähnt.«

Lhalita lachte. »Also die Feste: Die sind alle wunderbar, denn wir lieben die Farben und das Licht. **Diwali**, das Lichterfest im Herbst, ist vielleicht das schönste. Da verzieren wir unsere Tempel mit vielen Lichtern, und abends entzünden wir ein riesiges Feuerwerk.«

»Toll.« Simons Stimme klang ein wenig neidisch.

»Ja. Vor allem, wenn man weiß, dass Diwali für Lakshmi gefeiert wird. Lakshmi ist die Frau Vishnus, sie ist auch eine Göttin, sie beschützt die Kaufleute. Das viele Licht soll den Menschen zeigen, dass es über die Dunkelheit siegt wie das Gute über das Böse.

Tempel innen

Heiliger Fluss Ganges

Hinduismus

Im Frühling feiern wir **Holi**, zu Ehren Krishnas, den wir besonders mögen. Die Straßen sind dann so bunt und die Menschen so ausgelassen wie bei euch zur Faschingszeit. Das Schönste ist, dass wir uns bei diesem Fest weiß kleiden und einander mit blauer, grüner und roter Farbe überschütten.«

»Noch toller!«, meinte Simon. »Eure Religion hat viel für sich. Gibt's andere Feste?«

Lhalita runzelte die Stirn, verschränkte die Arme und stützte ihr Kinn in die Hand. »Wenn Mütter Babys bekommen, gibt es während der Schwangerschaft kleine Feiern, um sie und ihr Kind vor bösen Geistern zu schützen. Ist das Baby auf der Welt, dürfen anfangs nur Frauen es sehen. Nach sechs Tagen macht eine Frau der Mutter und dem Kind einen gelben Fleck auf die Stirn. Sie verspricht der Mutter, dass sie immer für das Kind sorgen wird, wenn es notwendig ist.«

»So eine Patentante hab ich auch«, stellte Katja zufrieden fest.

»Ja, man könnte es Patenschaft nennen«, pflichtete Lhalita ihr bei.

»Und die Taufe?«, wollte Katja wissen. »Wer Paten hat, ist doch getauft?«

»Eine Taufe mit Wasser haben wir nicht«, räumte Lhalita ein. »Doch am elften oder zwölften Tag seines Lebens bekommt ein Kind seinen Namen.

Wichtiger jedoch ist das **Fest der heiligen Schnur**. Wenn Jungen zu den drei obersten Kasten gehören, bekommen sie die heilige Schnur, wenn sie elf Jahre alt sind. Das ist ein großes Fest, es dauert drei Tage und soll zeigen, dass die Jungen nun erwachsen sind und nicht mehr zu ihrer Mutter gehören. Das heißt, sie essen nicht mehr bei ihr. Ab diesem Tag kümmert ihr Vater sich um sie, und natürlich ein Guru. Die Jungen lernen das Lesen und Verstehen der heiligen Schriften.«

»Wenn sie erwachsen sind, gehen sie so wie wir in den Tempel?«, wollte Simon wissen.

»Ja und nein«, antwortete Lhalita. »Um ihre Andacht zu halten, hat jede Familie eine **Puja-Ecke** oder einen Puja-Raum. Dorthin zieht sie sich zurück, um zu beten und dem Gott, der dort steht, Essen und Blumen zu schenken. Manchmal zünden wir Räucherstäbchen an, das habe ich gerne, denn das riecht gut.

Aber natürlich gibt es auch Tempel. Sie werden **Mandir** genannt. Sie haben Türme, damit will man das Streben nach dem Höheren und Guten anzeigen. Die Fenster, sagt man, sind die Ohren des göttlichen Wesens, das im Tempel wohnt, dieser Gedanke hat mir schon als kleines Kind gut gefallen.

Wir ziehen die Schuhe aus, wenn wir in den Tempel gehen. Dort ist alles heilig, und wir wollen es nicht schmutzig machen. In der Mitte des Tempels stehen der Gott oder die Göttin, denen das Gebäude geweiht ist, und entlang der Wände findet man noch andere Götter. Es gibt eine Stelle, bei der man Opfer bringen kann, und oft ein Wasserbecken, damit die Gläubigen sich vor dem Gebet waschen können. Unsere Tempel sind besonders schön und prächtig gebaut. Manchmal haben sie sogar einen Garten, mit Blumen und Bäumen.«

»Ja, ja. Schuhe ausziehen und Hände waschen. Man soll sauber vor seinen Schöpfer treten.«

Ali nickte. »Was macht ihr noch, um eure Götter zu ehren? Geht ihr auf Pilgerfahrt, so wie wir nach Mekka?«

»Ein kluger Kopf, dieser Ali«, meinte der Alte anerkennend.

»Wir pilgern zum Fluss **Ganges**, nach **Varanasi**. Das ist unsere heiligste Stadt, und wie die Muslime in Mekka, so wollen viele Hindus ein Mal in Varanasi gewesen sein. Der Ganges ist ein heiliger Fluss, viele Gläubige wünschen sich, dort sterben zu können, wenn ihre Zeit gekommen ist. Man kann aber auch einfach im Fluss baden, den Göttern Opfer bringen oder kleine Schiffe mit Lichtern darauf über das Wasser schicken.«

»Eine hübsche Idee«, fand Katja, »das mach ich morgen am Bach.«

»Um ein Haar hätte ich sie vergessen!«, rief Lhalita aus. »Die Kühe!«

»Die Kühe?«, fragte Ali verblüfft. Simon tippte sich an die Stirn.

»Ja, die Kühe. Krishna war ein Kuhhirt, deshalb verehren wir diese Tiere. Unsere Religion sagt uns, dass wir mit allen Tieren und Pflanzen umsichtig sein müssen, doch die Kuh wird besonders verehrt. In den Tempeln werden **heilige Kühe** gehalten, durch die Dörfer und Städte spazieren Kühe. Denen geht's nicht gut, die finden nur wenig zu fressen. Aber kein Hindu würde ihnen etwas zu Leide tun, sie sind den Menschen wichtig. Außerdem geben Kühe Milch, und man kann ihre Fladen zum Feuermachen gebrauchen.«

»Mmh«, murmelte Simon. »Da knurrt gleich mein Magen.«

»Das war ein sehr guter Vortrag«, sagte der Alte anerkennend. Er holte eine Packung Kekse aus seiner Tasche, reichte sie Simon.

»Genügt das?«, erkundigte er sich. »Sonam wollen wir auch noch zuhören, das soll nicht an leeren Mägen scheitern.«

Simon betrachtete prüfend den Inhalt der Schachtel.

»Mmh, Zitronenschnitten«, murmelte er. Er steckte eine in den Mund und kaute genüsslich.

»Schieß los, Sonam«, murmelte er dann mit vollen Backen, »ich höre dir zu!«

Sonam kauerte auf der Erde und zählte seine Murmeln.

»Du hast zwar gewonnen, Katja, aber wir werden ein Revanchespiel organisieren«, seufzte Sonam. Er langte in die Packung und nahm ein paar Kekse heraus.

Buddhismus

»Stärkung muss sein«, erklärte er dem Alten. Eine Grille zirpte. Die Sonnenstrahlen waren schräg geworden, der Schatten des Baumes reichte schon über den ganzen Spielplatz. Katja ließ sich wieder auf den Sitz der Schaukel sinken.

Simon kauerte sich neben den Alten auf die Bank. »Nimm dir auch einen Keks«, schlug er Lhalita vor. »Du hast es dir verdient, du hast lange gesprochen.«

»Und du hast sehr gut gesprochen«, ergänzte der Alte.

»Ja.« Katja nickte. »Ich glaube, ich habe alles verstanden. Zumindest fast alles.«

»Alles kann man vielleicht nie verstehen«, meinte der alte Mann. »Man braucht viel Zeit zum Nachdenken. Und Fragen stellen muss man auch, immer wieder.« Er fuhr sich mit der Hand durch den Bart. »Eure Klasse wird beeindruckt sein von eurem Wissen.«

»Hoffentlich auch der Lehrer, ich kann ein paar gute Noten brauchen«, fügte Ali hinzu. Er entfernte eine Staubspur von seinem Skateboard, Sonam machte einen Handstand.

»Ist das eine buddhistische Haltung?«, wollte Katja wissen. »Wie der Kniefall bei uns Christen, Lhalitas Yogasitz oder so?«

»Bloß nicht, ich lasse nur mein Hirn zusammenlaufen.« Sonam grinste. Er fand mit einem Sprung auf seine Beine zurück und fuhr sich mit den Fingern durch die Haare.

»Also, den **Buddhismus** gibt es in vielen Teilen der Erde. Ihr werdet ihn in Sri Lanka ebenso wie in Vietnam, Laos oder Kambodscha finden. Malaysia, China und Korea gehören ebenso zu den buddhistischen Ländern wie die Mongolei, Nepal, Bhutan, Tibet und Japan. Von uns aus gesehen, liegen viele dieser Länder im Osten und im Südosten«, erklärte Sonam.

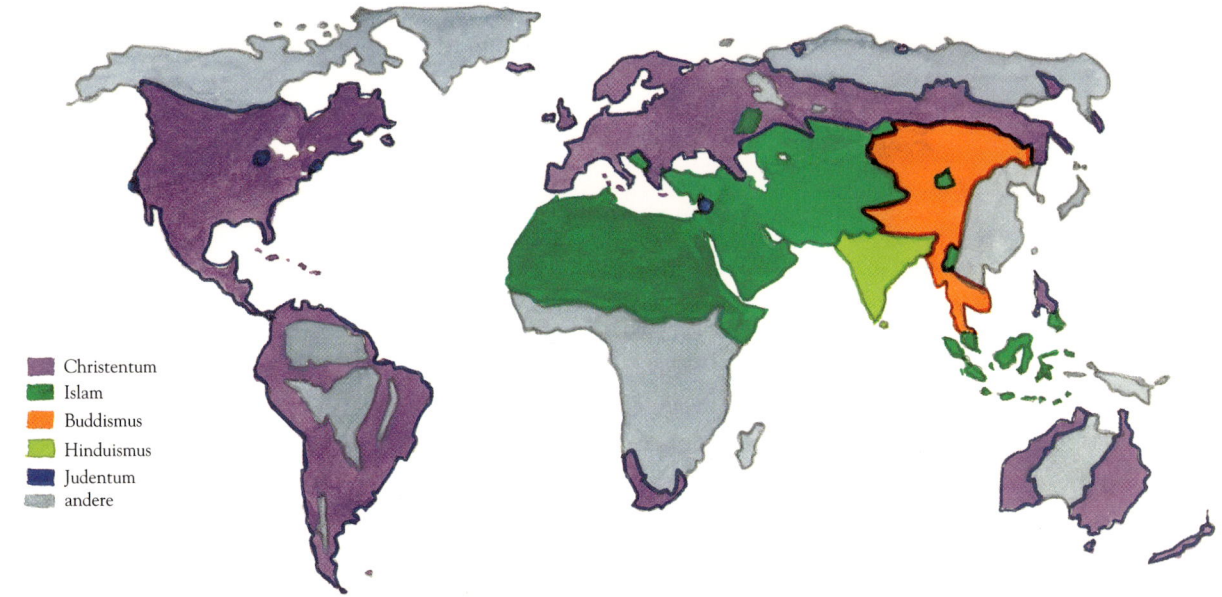

- Christentum
- Islam
- Buddismus
- Hinduismus
- Judentum
- andere

Buddha in Gestalt eines weißen Elefanten

Buddhismus

»Die buddhistische Religion hat ihren Namen von **Buddha** bekommen. Wir verehren ihn und beten ihn an, aber er ist nicht unser Gott. Unsere Religion sagt über Götter nämlich nichts. Wir haben nur Vorbilder, an die wir uns halten. Warum das so ist, erkläre ich euch später, zuerst möchte ich über Buddha sprechen.

Buddha ist kein Name wie Tim oder Tom. Er heißt auf Deutsch: der Erwachte. Buddha lebte im 6. Jahrhundert vor Christus in Indien.«

»Dort gibt's aber kaum Buddhisten!«, rief Lhalita dazwischen.

»Stimmt.« Sonam nickte. »Der Buddhismus hat sich auf die Wanderschaft gemacht und im Laufe der Zeit zu einer Unzahl von Formen entwickelt. Verschiedene Völker haben ihn angenommen. Jedes Volk hat einige seiner Traditionen dazugetan, den Glauben ausgebaut und ein bisschen anders gestaltet. Daher ist der Buddhismus in zahlreichen Ländern unterschiedlich ausgebildet. Auch in Europa und Amerika gibt es ihn.

Doch zurück zu Buddha. Er war der Sohn eines reichen Fürsten in Nordindien – etwa dort, wo heute Nepal liegt. Buddhas Vater verwaltete eine Provinz. Er musste dafür sorgen, dass dort alles reibungslos ablief und es den Menschen gut ging. Er war also ein wichtiger Mann. Die Geschichte vom Leben seines Sohnes Buddha hört sich wie eine aufregende Sage an. Für die Buddhisten beginnt sie schon vor seiner Geburt. Buddha, erzählt man, lebte noch im Himmel, als er eines Tages beschloss, auf die Erde hinabzusteigen.

›Ich wähle die Gestalt eines weißen Elefanten‹, dachte er sich. ›Weiße Elefanten sind edle Tiere und sie werden wegen ihrer Würde und Weisheit geehrt.‹ Gesagt, getan. Er wartete auf den Frühling, das ist für uns Buddhisten die schönste Jahreszeit. Als alles grün war und blühte, stieg er aus seinem Himmel herab.

Auf der Erde fand Buddha seine Mutter, sie schlief gerade und träumte. Er kroch in ihren Bauch und wartete dort bis zu seiner Geburtsstunde. Als es so weit war, freute sich seine Mutter sehr, aber vor allem der Vater war überglücklich über den Sohn. Denn ein Sohn, das war ein Stammhalter, ein Erbe, und später würde er selber Vater werden.

›Ein Fest für mein Kind!‹, rief der Vater aus und ließ seine Freunde und Untertanen feiern. Es gab köstliches Essen und schöne Musik. Die Brahmanenpriester besuchten, wie es Sitte war, Mutter und Baby, um Glück und Segen zu wünschen und zu beten. Sie sagten dem Kleinen voraus, dass er eines Tages ein großer König sein würde. Buddha würde über ein Reich gebieten, ein Reich des Friedens, so groß, dass seine Grenzen entlang des Weltmeeres verlaufen würden – und das war unvorstellbar weit weg.

Als das Fest am Höhepunkt war, kam ein alter, weiser Mann hinzu. Er wusste von den Vor-

hersagen der Priester, und es machte ihn traurig, dass er diese Zeit nicht mehr erleben konnte. ›Ich werde schon tot sein‹, sagte er. ›Doch der Junge wird ein Buddha, ein Erleuchteter, werden. Er wird eine neue Lehre verbreiten, eine Lehre der Weisheit, der Wahrheit und des Friedens. Und sie wird den Menschen viel Gutes und große Freude bringen.‹
Der Kleine – man hatte ihn **Siddhartha Gautama** genannt – hatte also eine großartige Zukunft vor sich. ›Er wird ein bedeutender Mann und großer Weiser sein‹, fügte der Alte noch unter Tränen hinzu. Die Zuschauer waren gerührt.
Siddharthas Vater war ungemein stolz auf sein Kind und sorgte dafür, dass es ihm an nichts fehlte. ›Er ist ein Fürstensohn‹, sagte er, ›und muss auch als solcher aufwachsen. Nie sollen seine Augen Trauriges oder Hässliches sehen, und nie soll er sich irgendwelche Sorgen machen müssen.‹«
»Der wurde ordentlich verwöhnt«, unterbrach Ali seinen Freund.
Sonam nickte. »Vielleicht war es ja damals Sitte so. Jedenfalls wurde ihm jeder Wunsch von den Lippen abgelesen. Er bekam nur das beste Essen, die kostbarsten Kleider und das allerschönste Spielzeug. Wenn er ausging, mussten seine Diener einen seidenen Schirm über seinen Kopf halten, damit ihm die Sonne keine Kopfschmerzen verursachte. So ein bestickter, wertvoller Schirm war ein Zeichen der Würde und des Reichtums.«
»Das klingt wie im Märchen«, rief Katja aus. »Fehlt nur noch, dass er edel war, gut und sanft.«
»Woher weißt du das? So war er in der Tat. Und klug obendrein. Alle Menschen liebten ihn. ›Ein wunderbarer Junge‹, sagten sie. ›Immer so liebenswürdig und folgsam.‹«
»Wie hielten das bloß seine Freunde aus?«, wollte Simon wissen. »Der muss ziemlich unerträglich gewesen sein.«
»Eben nicht, sondern bloß nett, das kommt ja vor«, meinte Sonam. »So wuchs er heran. Vor allem beschützt, was ihm schlechte Gedanken bereiten konnte, ganz wie sein Vater es wünschte. Siddhartha hatte also nie in seinem Leben Alte oder Kranke gesehen, Armut erlebt oder den Tod.«
»Der arme Kerl hat ja wie in einem goldenen Käfig gelebt«, sagte Ali mitfühlend.
»Er war es nicht anders gewöhnt, und widersprochen hat er sicher auch nicht. Mit 16 Jahren wurde er verheiratet, drei Jahre später bekam seine Frau einen Sohn.
Siddharta war ein gescheiter junger Mann. Als er 29 Jahre alt war, wollte er mehr von der Welt sehen, wissen, wie es vor den Toren des Palastes und hinter den Prachtstraßen der Stadt zuging. Er beschloss eine Ausfahrt zu machen. Wieder versuchte der Vater, alles Elend von ihm fern zu halten.

Buddhismus

›Fahr nur dorthin, wo es schön ist‹, befahl er dem Kutscher. Dieser nickte, schnalzte mit der Zunge, und los ging es. Doch diesmal gelang es dem Vater nicht, seinen Sohn zu beschützen. Siddhartha traf bei dieser Ausfahrt einen abgemagerten alten Mann, der nur aus Haut und Knochen bestand und nichts zu essen hatte. Bei einem anderen Ausflug sah Siddhartha einen Schwerkranken, der von seiner Krankheit so mitgenommen war, dass man ihn kaum ansehen mochte. Und bei einer dritten Spazierfahrt bemerkte er, wie am Rande des Flusses ein Leichnam verbrannt wurde.«

»So lernte er Alter, Hunger, Krankheit und Tod kennen«, fügte der Weise hinzu.

Sonam nickte. »›Das Leben ist nicht so, wie es bisher schien‹, sagte Siddhartha. Er war erschüttert. Der Fahrer seines Wagens versuchte, den jungen Fürstensohn zu trösten: ›Ja, Herr, und doch musst du wissen, dass niemand – weder der mächtigste Fürst noch der reichste Handelsmann – vor Alter, Krankheit und Tod fliehen kann. Irgendwann holen die drei jeden Menschen ein.‹

›Dann kann ich nicht so weiterleben wie bisher‹, beschloss Siddhartha. ›Unglück, Krankheit und Armut der Mitmenschen darf man nicht leichtherzig übergehen. Vielleicht kann man ja etwas dagegen tun, wenn man bloß dahinterkommt, was die Ursachen sind. Ich werde mich bemühen und sehen, was sich machen lässt.‹

Siddharthas Ausfahrt

Siddhartha unter Feigenbaum

Er wartete einen unbeobachteten Moment ab und schlich sich heimlich aus dem Palast. Als seine Flucht bemerkt wurde, war es schon zu spät, und er war unter den vielen Menschen vor der Stadt verschwunden.

Er schnitt sich seine Haare ab und schenkte einem Bettelmönch seine eleganten Kleider. ›Gib mir dafür dein altes Gewand‹, bat er den Mann. Der war sehr freundlich. ›Wenn dir mein Umhang Freude bereitet, so soll es mir recht sein‹, sagte er. ›Die Freude der anderen ist mir wichtiger als meine eigene.‹

Das beeindruckte den jungen Siddhartha. Er machte sich auf die Suche nach einem Lehrer, der ihn über den Inhalt seines Lebens unterrichten würde. Er wollte wissen, wozu er auf der Welt war und was er tun sollte, um diesem Leben einen Sinn zu geben.

›Es muss ja einen Grund für mein Dasein geben‹, überlegte er. Siddhartha verließ seine Frau und sein Kind, obwohl ihm das sicher nicht leicht fiel. Er wanderte weite Strecken und lernte Land und Menschen kennen. In dieser Zeit kam er viel herum. Er traf verschiedene Gurus, doch keiner konnte ihm helfen.

›Wenn ich auf alles verzichte, das ich zu brauchen glaube, werde ich vielleicht klüger‹, überlegte er. Er verschenkte alle seine Sachen, dann versuchte er es mit Fasten. Er aß nur noch wenig, wurde ganz schwach, doch es nützte nichts. Die Erleuchtung wollte ihm nicht kommen.

Also ging er in einen Wald, setzte sich dort unter einen wilden Feigenbaum und begann zu meditieren. Er schlug die Beine übereinander, hielt sich gerade und dachte mit geschlossenen Augen konzentriert nach. So saß er sieben Jahre. Es half ihm, seine Gedanken zu ordnen, und er kam zu dem Schluss, dass ihn das Leben, wie er es bisher geführt hatte, nicht glücklich machen konnte. Wir nennen das seine ›Große Erleuchtung‹, seither heißt Siddhartha Buddha, ›der Erleuchtete‹.

Im Laufe der Zeit fand er heraus, dass das ganze Leben ein langes Leiden ist.

›Die Menschen‹, dachte er sich, ›sind eigentlich gierige Wesen. Sie können nie genug bekommen, wollen immer mehr haben und machen sich das Leben so leicht wie möglich. Haben sie Äcker, so wollen sie mehr Land. Haben sie Geld, so suchen sie nach Gold, und sind sie stark, sehnen sie sich nach mehr Macht. So eifrig verfolgen sie all diese Ziele, dass sie gar nicht merken, wie sie ihre Mitmenschen damit verletzen und unglücklich machen. Sie lügen, wenn es ihnen in den Kram passt, vernichten sich gegenseitig, und auf die Tiere schauen sie auch nicht. Sie töten und essen sie. Die Menschen müssen aufhören, gewalttätig zu sein, und sie müssen lernen, zu verzichten. Vielleicht nicht auf alles, man muss nicht in völliger Armut leben, aber vor allem auf jene Dinge, die eigentlich überflüssig sind‹, beschloss Siddhartha.«

»Wie zum Beispiel Bonbons?«, wollte Lhalita wissen.

»Ja, oder Kinobesuche«, sagte Sonam nachdenklich. »Siddhartha also hatte eine Erleuchtung. Er fand, dass alles Glück einmal vergeht. Dass aber an den Schmerzen und dem Kummer der Menschen ihre Sucht nach immer mehr vom Glück schuld ist – und dass diese Leiden ein Ende haben, wenn man nicht mehr gierig ist.

Zuletzt dachte er sich den **achtfachen Pfad** aus. Den geht man, wenn man ein genügsames Leben führt. Dazu gehört das Befolgen von fünf Geboten, den **Sila-Geboten**. Du sollst nicht töten, stehlen, lügen oder unkeusch sein, und Drogen nehmen darfst du auch nicht.«

»Das ähnelt den christlichen Zehn Geboten.« Katja runzelte die Stirne. »Aber so viel Leiden ist mir noch nicht aufgefallen, eigentlich bin ich ganz froh«, wandte sie ein.

»Ich auch. Doch Buddha meinte mit ›Leiden‹ auch jeden unzufriedenen, schlecht gelaunten Gedanken, den man hat. Und so etwas passiert ja schnell einmal«, erklärte Sonam. »Zum Beispiel, wenn man über sein Taschengeld meckert oder ein neues T-Shirt haben möchte, oder wenn einem das eigene Skateboard zu alt vorkommt, obwohl es noch tadellos rollt.«

»Da fällt mir noch vieles ein«, sagte Ali. »Eiscreme, Computerspiele, Baseballkappen. Könnte man all das vergessen, wäre man vielleicht der zufriedenste Mensch der Welt.«

»Ist aber gar nicht so einfach, kann ich dir sagen. Ich hab's schon ein paar Mal probiert«, versicherte Sonam ernsthaft.

Hausaltar mit Bild
von Buddha

Der Alte lächelte. »Die Buddhisten haben einen guten Grund, genügsam zu leben«, meinte er, »denn der achtfache Pfad führt aus dem mühsamen Kreislauf der Wiedergeburten heraus.«

»Die gibt's in eurer Religion auch?«, fragte Lhalita erstaunt.

»Wer seine Gier und seine Lust darauf, mehr zu besitzen, nicht überwinden kann, muss so lange in einem anderen Körper wiedergeboren werden, bis ihm dieses Vorhaben endlich einmal gelingt. Denn wer Geduld hat und nicht neidisch ist, kann sich in andere hineindenken, mit Mensch und Tier mitfühlen«, erklärte Sonam. »Dann findet er Ruhe und kann ins **Nirwana** kommen. Dort ist seine Seele frei und froh.«

»Wenn das Nirwana so etwas Ähnliches wie das Paradies ist, warum ist dann aber Buddha kein Gott?«, fragte Ali.

Er hatte ein Labyrinth in den Sand gezeichnet und versuchte, seine Kugel bis zur Mitte zu bringen. »Wenn ich alleine spiele, kann ich nicht verlieren«, erklärte er.

»Der Buddhismus wollte aus einem weisen Mann keinen Gott machen. Der **Mahayana-Buddhismus** – eine der Hauptrichtungen dieser Religion –, dem ich und meine Eltern angehören, verehrt Buddha und noch verschiedene andere Menschen, die die Erleuchtung erreicht haben. Man nennt diese Menschen **Bodhisattvas**. Sie verzichten auf das Nirwana, um uns zu helfen, den achtfachen Pfad zu begehen. Ich finde das sehr großzügig von ihnen. Wir beten zu ihnen, aber sie sind eher Vorbilder oder Heilige als Götter.«

»Auf das Paradies verzichten, das ist traurig«, meinte Ali träumerisch. »Im Koran wird es so schön beschrieben: mit kleinen Bächen, grünen Wiesen und blühenden Bäumen … Da fließen Milch und Honig in Strömen … Nun ja, wer dem Luxus entsagt, braucht ja vielleicht auch das Paradies nicht.«

»Und wird für seine guten Taten nie belohnt? Das verlangt viel Geduld und Bescheidenheit«, fand Katja. Sie nahm Schwung und schaukelte.

»Wie steht's mit Festlichkeiten?«, fragte sie. »Hoffentlich wird auf die nicht verzichtet!«

»Wo denkst du hin!« Sonam lachte auf. »Nur richten sich unsere Feste nach dem Mond. Nicht nach dem Sonnenkalender, wie eure es tun. Unsere Feste fallen auf den Neumond oder den Vollmond. Sie wandern also, und wir begehen sie jedes Jahr an einem anderen Tag. Diese Tage nennen wir **Uposatha-Tage**. Papa übersetzt das mit ›Fastentage‹, auch wenn man zum Glück an diesen Tagen nicht immer fasten muss.

Im Mai gibt es ein Fest, das sicher das schönste der Welt ist. Man nennt es das **Wesa-Fest**, nach dem Monat Wesak, in dem es gefeiert wird. Wir freuen uns, dass Buddha geboren wurde, und wir danken, dass ihm die Erleuchtung gekommen ist. Die Nacht seiner Erleuchtung heißt bei uns Buddhisten ›Heilige Nacht‹, obwohl sie auf eine andere Art heilig ist als die der Christen.

Manche Leute lassen am Geburtstag Buddhas Vögel fliegen, zum Zeichen, dass Menschen und Tiere frei sein sollen, denn so wollte Buddha es. Außerdem feiern wir, dass Buddha nach seinem Tod in das Nirwana fand. Wie zu Weihnachten bekommen wir Geschenke und laden einander zum Essen ein. Wir kochen gute Speisen und genießen es, wenn wir alle zusammensitzen und essen. Glückwunschkarten werden verschickt, und die Straßen sind mit Blumen, Fahnen und Lichtern geschmückt. Unsere Eltern organisieren Spiele, wir dürfen Laternen anzünden und tragen sie herum. Buddha ist der Star dieser Nacht. Sogar Poster werden aufgehängt, auf denen er abgebildet ist. Das ist alles wunderschön und aufregend.«

Sonam beugte sich über Alis Labyrinth. Er legte den Kopf zur Seite und schien zu überlegen. »Das kommt mir bekannt vor«, murmelte er. Dann klopfte er sich mit der Hand gegen die Stirn. »Klar«, rief er, »das erinnert an die **Mandalas**. Das sind Bilder mit komplizierten Mustern, die unsere Mönche zum Meditieren verwenden. Wenn sie lange darauf schauen, hilft ihnen das, sich zu konzentrieren.«

»Konzentriere du dich lieber auf eure Feste«, sagte Simon streng.

»Am fünfzehnten Tag unseres sechsten Monats feiern wir das **Esala-Perahera-Fest**, auch zu Ehren Buddhas. Es erinnert uns daran, dass er von zu Hause weggezogen ist und dass er nach seiner Erleuchtung die erste große Predigt gehalten hat. An diesem Tag findet in der Stadt, in der der **Zahn Buddhas** aufgehoben wird, ein riesengroßer Umzug statt. Der Zahn befindet sich in einem prächtigen Behälter und wird zu diesem Fest auf dem Rücken eines Elefanten durch die geschmückten Straßen getragen. Dazu wird Musik gespielt und Blumen werden gestreut. Meine Eltern waren einmal dort. Sie sagten, es sei ein bunter, wunderbarer Anblick.«

»Buddhas Zahn, Elefanten, Blumengirlanden. Das klingt wundervoll …« Katja sprang von der Schaukel. »So ein Fest möchte ich einmal feiern!«

Sie pflückte eine Gänseblume und steckte sie sich hinters Ohr.

»Auch das **Ende der Regenzeit** ist ein Feiertag. Die Menschen haben dann schon drei Monate schwerer Regengüsse hinter sich und freuen sich auf die trockenere Jahreszeit. Sie verzieren ihre Häuser mit Blumen, Fahnen und Girlanden und denken daran, dass Buddha vor seiner Geburt vom Himmel herabgekommen ist. An diesem Tag bekommen viele Mönche neue Kleider geschenkt …«

»Ihr habt Mönche? Wie sehen denn die aus?«, fragte Katja neugierig.

Buddhismus

»Ja, es gibt buddhistische Mönche. Buddha hat den **Sangha**, ihre Gemeinschaft, gegründet, nachdem er seine Erleuchtung hatte. Später sind auch Nonnen zum Sangha gekommen. Die Mönche leben sehr einfach, eigentlich in Armut, und werden, wenn sie nicht zu einem Kloster gehören, von ihren Mitmenschen ernährt. Sie tragen alle einen schlichten Umhang, der aus einem Schultertuch und einem Hüfttuch besteht. Oft ist der Umhang orange. Wenn die Mönche auf Reisen gehen, haben sie eine Schale mit, in der sie das Essen, das ihnen gespendet wird, aufheben können. Die Schale hat auch einen Deckel, das ist gleichzeitig der Teller.«

»Picknickgeschirr, sehr nützlich«, fand Simon, »die müssen nicht viel abwaschen.«

Sonam lachte und schüttelte den Kopf. »Weil sie sehr genügsam sind, haben die Mönche sonst nur Nadel und Faden, ein Rasiermesser und dazu einen Wetzstein, mit dem sie die Klinge schärfen. So können sie immer gut Kopf und Bart rasieren. Einen Wasserfilter tragen sie auch mit sich, um das Wasser, das manchmal schmutzig ist, trinkbar zu machen.

Buddhistische Mönche

Esala-Perahera-Fest

Manche Mönche besitzen ein schönes Übertuch, für religiöse Feiern. Die Mönche müssen streng die Regeln ihres Klosters befolgen. Unter anderem dürfen sie nach dem Mittagessen nichts mehr zu sich nehmen und weder Schmuck noch Parfum benutzen. Obendrein sind das Tanzen, das Singen und zu große Fröhlichkeit verboten.«

»Auch die katholischen Mönche haben strikte Regeln zu befolgen«, sagte Katja. »Also, ich würde da manchmal ordentlich aufmüpfig werden …«

»Das kann ich mir gut vorstellen.« Lhalita grinste spitzbübisch.

»Zurück zu unseren Mönchen«, meinte Sonam. »In buddhistischen Familien ist es Brauch, Jungen einige Zeit in ein Kloster zu schicken. Sie sollen die Lehren Buddhas hören. Im Kloster bleiben sie drei Monate, das ist so lange, wie es bei uns regnet. Der Eintritt ins Kloster wird den Freunden und Bekannten mitgeteilt, und alle sind sehr stolz. Die Haare werden ihnen geschnitten, und sie müssen heilige Texte lernen. Sie bekommen all die Sachen geschenkt, die ein Mönch immer bei sich haben soll, und lernen damit umzugehen.

Ihr Eintritt ins Kloster wird groß gefeiert. Während der Feier wird ein seidener Schirm über die Jungen gehalten. Nach dem Fest dürfen sie sich als Mönch kleiden und gehören nun dem Kloster für kurze Zeit an.«

»Und müssen all den strengen Regeln folgen?«, fragte Ali entsetzt.

»So schlimm ist es nicht. Sie werden ja darauf vorbereitet, und ein bisschen Folgsamkeit kann nicht schaden, sagt Papa immer. Außerdem spielen die jungen Mönche nach ihren Gebeten auch mal Fußball, treiben zusammen Sport oder lesen interessante Bücher. So gewinnen sie neue Freunde und haben Spaß.«

Sonam dachte kurz nach. »Die Jungen lernen das Meditieren – und damit auch gleichzeitig, ihren Geist in Ruhe und Ordnung zu halten, also sich zu konzentrieren und nachzudenken, bevor sie etwas tun. Das kann man ja später im Leben auch noch brauchen.«

»Und die Mädchen, wie beten die? Die gehen ja wohl nicht ins Kloster«, vermutete Katja.

»Meine Familie verrichtet ihre Andacht auch zu Hause, vor einem Bild von Buddha. Dort opfern wir Blumen und Kerzen und zünden Weihrauch an. Das riecht besonders gut und schaut hübsch aus. Treten wir zum Bildnis Buddhas, ziehen wir die Schuhe aus, so wie Hindus und Muslime …«

»Das zeigt nur, wie vernünftig es ist …«, warf Ali ein.

»Und für die Andacht setzen wir uns auf den Boden. Manchmal kommen uns Mönche besuchen und helfen uns dabei, die **Puja** zu halten – das ist die Andacht.«

»Und Synagogen, Tempel und Kirchen, die gibt es wohl nicht, weil ihr keinen Gott anbetet«, vermutete Simon. »Nun ja, man kann nicht alles haben.«

»Bloß keine voreiligen Schlüsse ziehen, sagt mein Opa immer«, meinte Sonam »wir haben Tempel, die **Stupas**. In manchen Ländern werden sie auch **Pagoden** genannt. Ursprünglich waren die Stupas die acht Grabmäler, in denen Buddhas Asche aufbewahrt wurde, doch dann wurden immer mehr von ihnen gebaut und seine Asche immer aufs Neue verteilt. Jetzt gibt es Stupas, die gar keine Asche mehr enthalten. Stupas und Pagoden sind geachtete und verehrte Gebäude, manche sind berühmte Pilgerstätten geworden. In vielen von ihnen stehen prächtige Buddhastatuen und Abbildungen von Bodhisattvas, zu denen die Menschen beten und denen sie Opfer bringen.«

Sonam verstummte und fuhr sich mit der Hand über die Stirn. »Habe ich alles Wichtige erwähnt?« Er blickte den Alten fragend an.

Der nickte. »Durchaus, ich glaube, wir können uns jetzt alle eine Vorstellung vom Buddhismus machen. Gut gesprochen!«

Er klopfte Sonam auf die Schultern.

»Man tut, was man kann«, brummte Sonam zufrieden. »Ist noch ein Keks übrig?«

Der Alte reichte ihm die Packung, und Sonam machte sich über die letzten Krümel her.

Wind kam auf, über den Himmel zogen Wolken, und die Sonnenstrahlen wurden schwächer. Lhalita fröstelte und blickte auf ihre Uhr. Sie erschrak. »Wisst ihr eigentlich, wie spät es ist?«, fragte sie. »Meine Mutter wartet sicher schon auf mich!«

Katja rekelte sich wohlig auf ihrem Schaukelsitz. »Ich hab's nicht eilig«, meinte sie, »das war ein schöner Nachmittag.«

»Sehr lehrreich.« Der Alte schmunzelte.

»Ja, unser Lehrer hätte eine Freude daran gehabt«, fand Simon.

»Und unsere Eltern erst, die glauben doch, dass wir nur unentwegt Unsinn im Kopf haben.« Ali stellte sich auf das Skateboard und nahm eine Siegerpose ein.

»Gibt es eigentlich noch mehr Religionen als die, von denen wir heute erzählt haben?« Sonam war noch tief in seine Gedanken versunken.

Der alte Mann dachte nach. »Ich will euch nicht enttäuschen, denn natürlich gibt es außer euren noch viele anderer Religionen. Warum auch nicht? Viele Menschen hoffen, durch ihren Glauben Antworten zu bekommen auf eine Menge Fragen, die sie sich stellen. Wie soll ich leben, was erwartet mich nach meinem Tod? Was ist überhaupt der Mensch und wozu ist er auf dieser Welt? Über all diese Fragen haben wir schon am Anfang unserer Unterhaltung

Tempel innen

gesprochen. Und viele Menschen finden in ihrer Religion eine Antwort. Manche Religionen stimmen in einigen Antworten überein und in anderen sind sie unterschiedlicher Auffassung. Religionen erklären, wie die Welt und ihre Wirklichkeit aussehen, sie erzählen von verschiedenen Göttern oder von einem Gott, sie schildern, wie die Welt entstanden ist und wie die Menschen darauf ihr Glück finden können.

So geben sie uns auch Regeln mit auf den Weg, die uns helfen sollen, uns richtig zu benehmen, weise und gut zu werden. Religionen haben Feste, und die Menschen lieben Feiern. Die Gläubigen gehören einer großen Gruppe an – einer Gemeinschaft also – und müssen sich daher nicht einsam und verlassen fühlen. Religionen erfüllen viele kluge und gute Zwecke.« Der alte Mann nickte.

»Außerdem gibt es natürlich Religionen, die es gar nicht mehr gibt«, sagte Lhalita plötzlich.

»Wie meinst du das?«, fragte Simon verwirrt.

»Die **alten Ägypter**, zum Beispiel, hatten viele Götter. Unter anderem beteten sie den Sonnengott an, und sie glaubten an ein Paradies nach dem Tod. Das sah so aus wie ihr Heimatland Ägypten, nur war es perfekt. Man hätte dort wunschlos glücklich sein können. Aber das Paradies war in ihrer Religion nur nach einer langen mühseligen Reise durch die Unterwelt zu erreichen. Die **alten Griechen** wiederum glaubten, alle Götter seien Nachkommen der Mutter Erde und des Himmels. Und Bäume waren ihnen heilig, was ich gut verstehen kann, wenn ich mir den großen Baum ansehe, unter dem wir sitzen«, meinte Lhalita. »Ich habe mit Mama in einem Buch gelesen, wo das alles erzählt wird«, sagte sie erklärend.

»Heute noch haben viele Millionen Menschen in Afrika, Amerika und Ozeanien ihre eigenen Religionen«, meinte der Alte. »Sie glauben, dass die Natur voller guter oder böser Geister steckt, die man sich gnädig stimmen muss. Damit das klappt, gibt es sehr komplizierte Traditionen und Bräuche.

Aber auch diese Gläubigen feiern Geburt, Hochzeit und Tod, so wie wir, oder das Erwachsenwerden ihrer Kinder. Manche Religionen haben als Priester **Schamanen**, andere haben **Medizinmänner**. Es sind aber immer Lehrer, die den anderen helfen sollen, sich in dem Glauben und dessen Gebräuchen zurechtzufinden.«

Er verschränkte die Arme und blickte in die Baumkuppel hoch. »Außerdem muss man wissen, dass auch die Religionen, von denen wir heute sprachen, Wandlungen durchgemacht haben. Sie haben sich immer wieder ein wenig geändert, weil die Menschen darüber schrieben und versuchten, die Lehren anders oder neu zu verstehen. Dadurch bildeten sich manchmal Nebengruppen, die mit Teilen ihres Glaubens nicht mehr einverstanden waren und sich von ihm getrennt haben. Das gibt es beim Buddhismus ebenso wie im Islam und bei den Katholiken. Und es bestätigt nur, dass die Menschen nicht aufhören, zu denken und manche Dinge zu hinterfragen.«

»Man kann ja auch nicht immer über alles einer Meinung sein«, meinte Ali.

»Ja.« Der Alte schien nachdenklich. »›Alles fließt‹, hat einmal ein gescheiter Denker gesagt. Nichts im Leben und in der Natur bleibt unverändert. Die Menschen mögen immer schlauer werden, die Wissenschaften immer raffinierter. Viele Fragen wird man nicht beantworten können, sondern es werden immer neue Fragen daraus entstehen. Und so werden die Menschen sich noch lange mit dem beschäftigen, wofür sie noch keine Lösung wissen. Sie werden sich immer wieder uneins sein und sich vielleicht manchmal streiten. Aber man muss hoffen, dass sie alle dazu beitragen, dass man auf unserer Welt ganz gut miteinander leben kann, ohne sich in die Haare zu geraten.«

Er nahm die leere Kekspackung und sammelte die Bonbonpapiere ein, dann klopfte er Simon, der wieder neben ihm auf der Banklehne saß, auf die Schulter.

»Es ist schön, euch kennen gelernt zu haben«, meinte er und wollte aufstehen.

»Wie steht übrigens das Spiel? Wer hat gewonnen?«, fragte Sonam plötzlich. »Du schuldest uns eine Spielanleitung, die hast du uns vorhin versprochen.«

Der alte Mann dachte nach und kauerte sich auf den Boden.

»Stimmt«, sagte er, »gib mir ein paar Murmeln. Ich brauche auch Katjas große roten, alle beide. Das Spiel heißt Himmelspforte …«

»Das bringen wir unserem Lehrer bei, der kann das sicher gebrauchen.« Ali schmunzelte.

»Wenn du meinst … Also mein Spiel geht so: Zwei große Murmeln lege ich eine gute Handbreit voneinander entfernt auf den Boden. Jeder Spieler hat zwölf Kugeln und sollte sie nacheinander durch mein so entstandenes Himmelstor schießen. Dazu muss er sich ein bis zwei Meter entfernen. Trifft der Spieler durch, ohne die Pforte zu berühren, darf er die Murmel behalten. Trifft er daneben, bekommt sie der Gegner und noch eine zweite dazu. Wer zuerst keine Murmeln mehr hat, hat verloren.«

»Ein teuflisches Spiel«, stellte Simon fest.

»Aber spannend. Komm, wir spielen eine Runde«, sagte Sonam und wollte seine Murmeln zurechtlegen.

»Leider nicht mit mir«, meinte Simon bedauernd. Er machte sich an seinem Fahrrad zu schaffen. »Ich fürchte, ich muss nach Hause. Lhalita, soll ich dich gleich mitnehmen?«

Lhalita nickte, warf ihren Zopf über die Schulter zurück und strich ihr T-Shirt glatt.

»Ich liefere dir ein Rennen!«, rief Ali und wollte auf sein Skateboard springen. Dann besann er sich und wandte sich dem Alten zu. »Danke noch, für die Hilfe und die Kekse«, sagte er. »Du bist ein cooler Typ.« Er verbeugte sich, und Lhalita schüttelte dem alten Mann die Hand.

»Kommst du wieder vorbei?«, wollte Sonam wissen.

»Wer weiß«, antwortete der Alte, »vielleicht brauche ich mal wieder Religionsunterricht?« Er schmunzelte vergnügt.

Simon ließ die Fahrradglocke klingeln, Lhalita sprang auf. Alis Skateboard hinterließ eine Staubwolke, sein Lachen war noch lange zu hören.

Sonam wollte einen Handstand beginnen, dann besann er sich. »Ich gehe zu Fuß«, beschloss er. Er winkte dem Alten zu und verschwand hinter den Bäumen.

Katja ließ sich von der Schaukel gleiten. Ein Luftzug fuhr raschelnd durch die Äste des Baumes, die Spatzen waren weggeflogen.

»Danke«, sagte sie. »Fünf Religionen an einem Nachmittag … Ich hoffe, es war nicht zu anstrengend.«

»Aber nein«, antwortete der Alte, »es war mir eine Freude. Ein fröhlicher und zugleich nachdenklicher Nachmittag. Ich habe zu danken.« Er stand auf, reichte ihr die Hand und ging über den Spielplatz davon.

Katja sah ihm nach, bis sein weißer Haarschopf hinter dem Klettergerüst verschwunden war. Dann machte auch sie sich auf den Weg nach Hause.

| Judentum | Christentum | Islam | Hinduismus | Buddismus |

ausgeschieden